FLIEGENfischen
für Anfänger

KOSMOS

Hans Steinfort

FLIEGENfischen
für Anfänger

KOSMOS

Mit 96 zweifarbigen und 46 vierfarbigen Einzeldarstellungen (Zeichnungen von Erwin Staub).

Umschlaggestaltung von F. Steinen-Broo, eStudio Calamar, Pau, Spanien unter Verwendung einer Aufnahme von Dieter Roth. Das Bild zeigt eine Äsche (*Thymallus thymallus*) im Drill.

Die deutsche Bibliothek – CIP-Einheitsaufnahme

Steinfort, Hans:
Fliegenfischen für Anfänger / Hans Steinfort. – 6. Aufl. – Stuttgart : Kosmos, 1999
    ISBN 3-440-08151-6

Gedruckt auf chlorfrei gebleichtem Papier

1.–4. Auflage: © Verlag Paul Parey, Hamburg
5. Auflage: © 1997, Blackwell Wissenschafts-Verlag, Berlin · Wien

6. Auflage
© 1999, Franckh-Kosmos Verlags-GmbH & Co., Stuttgart
Alle Rechte vorbehalten
ISBN 3-440-08151-6
Printed in Czech Republic/Imprimé en République tchéque
Druck und buchbinderische Verarbeitung: Těšínská Tiskárna, Český Těšín

Vorwort

Dieses Buch über das Erlernen des Fliegenfischens liegt nunmehr in der 6. Auflage innerhalb von 26 Jahren vor. Wie kam es zu diesem im deutschen Sprachraum einmaligen Erfolg? – Mit dem Buch wurde seinerzeit eine lange Jahre klaffende Lücke in der Angelliteratur geschlossen: denn bisher war es noch keinem Autor eingefallen, speziell auf die Nöte und Fragen des Anfängers im Fliegenfischen einzugehen und ihm zu durchschlagenden Erfolgen zu verhelfen. Ganz bestimmt hat aber dieses Buch den treffenden Ton und Stil gefunden, dem Leser das nötige Wissen über unsere schönste und subtilste Art des Fischens zu vermitteln. Wenn der Fliegenfischer den Inhalt dieses Buches verarbeitet hat und ihn in die Praxis umzusetzen versteht, dann zählt er ganz gewiß nicht mehr zu den Anfängern.

Aber schon eröffnet sich ihm, dem nunmehr Fortgeschrittenen, eine Reihe neuer Fragen und Probleme, denn schier unendlich scheint das Gebiet des Fliegenfischens und sein Themenkreis zu sein. Darum gibt es neben diesem Buch eine Fortsetzung unter dem Titel »Fliegenfischen für Fortgeschrittene«.

Stuttgart, September 1999   KOSMOS Verlag

Vorwort zur 1. Auflage

Es gibt eine Menge von Büchern über das Fischen mit der künstlichen Fliege, und nicht eins befindet sich darunter, das speziell für den Anfänger geschrieben worden ist. Wer sich bei uns für das Fliegenfischen interessiert, kann froh sein, wenn er einen versierten Freund findet, der ihm mit Rat und Tat zur Seite steht. Die meisten Sportfischer werden aber auf Lehrbücher angewiesen sein.

Also bleibt in erster Linie das Fachbuch. Nun sind aber die erhältlichen Bücher doch alle mehr oder weniger auf denjenigen zugeschnitten, der das Anfängerstadium bereits überschritten hat. Und deswegen haben Autor und Verlag die Notwendigkeit erkannt, vor die bestehende Reihe wirklich ausgezeichneter Fliegenfischer-Bücher dieses kleine Werk zu stellen, das den Anfänger zum Fortgeschrittenen machen soll.

»Fliegenfischen – gar nicht schwer!« so oder so ähnlich liest es sich. Und auf dem Fuß folgen ein paar unsinnige Zeichnungen und Texte, die zu den ersten grundlegenden Fehlern im Werfen führen; ich werde darauf noch zurückkommen. Das Ergebnis ist, daß der Umsatz an Fliegenfischer-Artikeln zwar steigt, aber der sich selbst überlassene Anfänger die Fliegenrute bald in die Ecke stellt, falls ihm niemand weiterhilft. Den Vorwurf, es sich etwas zu leicht zu machen, kann ich den Werbeleuten der einschlägigen Branche an dieser Stelle nicht ersparen. Denn wäre das Fliegenfischen bzw. das Fliegenwerfen wirklich so leicht, wie es dem Interessenten suggeriert wird, dann sähe man an unseren Gewässern nicht so viele miserable Werfer, die sich selbst und dem Zuschauer ein Graus sind.

Das Werfen, das gekonnte Werfen ist das A und O des Fliegenfischens; mit ihm steht und fällt der Angler. »Zeige mir, wie du wirfst, und ich sage dir, was du kannst!« so ungefähr könnte man den Spruch abwandeln. Fliegenfischen kann gar nicht so leicht sein, wie es uns immer wieder vorgemacht wird, weil das Werfen und Führen der Fliege gekonnt sein will. Und ehe das in Fleisch und Blut sitzt, muß der Anfänger fleißig an sich arbeiten. Das ist die ganze trockene Wahrheit.

Doch haben Sie bitte keine Angst, weil ich Sie gleich auf das Schwierigste hingewiesen habe und nichts beschönige. Ich werde Sie zu einem Werfer ausbilden, der souverän sein Gerät beherrscht, sofern Sie sich strikt an meine Anleitungen halten. Glauben Sie mir das eine: Sie werden es kaum schwerer haben als der Wurfschüler, dem der Lehrmeister zur Seite steht. Und meinen Sie nicht auch, daß Sie erst mit der Beherrschung von Rute, Leine und Fliege die Schönheit dieses hohen Sportes voll auskosten können?

Soviel über das wichtigste Kapitel. Alles andere ist halb so schwer, wenn Sie nur die nötige Passion, oder noch besser, Besessenheit mitbringen. Anfänger waren sie alle einmal, die bekannten und berühmten Meister der Fliegenrute und das Heer der namenlosen Flugangler, die ihre Gerten an Seen und Flüssen, an Weihern und Bächen schwingen und der Fliege zeitlebens verfallen sind.

Es wird nicht nicht ausbleiben, daß Sie in diesem Buch hin und wieder mit englischen Fachausdrücken konfrontiert werden, die ich Ihnen, wenn sie das erstemal genannt werden, gleich übersetze. England ist das klassische Land des Fliegenfischens, und man verständigt sich, ähnlich wie in der Luftfahrt, mit diesen Ausdrücken in der internationalen Fachwelt. In Ihrer späteren Praxis werden Sie mit diesen Wörtern immer wieder zusammenstoßen, und es ist vorteilhaft, wenn Sie sie gleich mitlernen.

Dieses Buch soll den Laien zum Fortgeschrittenen machen; unter diesem Gesichtspunkt will es gelesen und verstanden werden. Darum muß es sein, daß ich an späterer Stelle ein Thema erneut aufnehme, das zuvor schon einmal behandelt worden ist. Der Anfänger soll systematisch als Fliegenfischer aufgebaut werden. Er soll schrittweise in die Welt des Flugangelsportes geführt und nicht hineingestoßen und somit verwirrt werden. Das ist es, was ich zu dem Inhalt dieses Buches zu sagen habe.

Doch nicht nur dem künftigen Praktiker sei dieses Büchlein empfohlen. Auch der Angelgeräte-Händler, der vielleicht wegen der Lage seines Geschäftes auf dem Gebiet der Flugangelei nicht so bewandert sein kann, sollte es einmal zur Hand nehmen, und läse er nur die Kapitel über die Gerätezusammenstellung und die Fliegen. Dem Kunden, der seinen Rat hören möchte, kommt dies zugute, besonders wenn Neulinge sein Geschäft betreten. Und sehr wahrscheinlich wird er beim Erstkauf einer Fliegenfischer-Ausrüstung dieses kleine Werk gleich dazulegen.

Der größte Teil der Anfänger meint mit künstlichen Fliegen nur Forellen oder forellenverwandte Fische fangen zu können. Das ist ein Irrtum! Mein erster auf die Fliege gegangener Fisch war ein Barsch, der meines Freundes ein Döbel. Sicher ist das Fliegenfischen auf Salmoniden das Interessanteste, was uns beschert werden kann, aber es müssen nicht immer Forellen sein.

Fast jeder unserer Raubfische und eine ganze Reihe Friedfische nehmen die entsprechenden Fliegen und bieten an der feinnervigen Flugrute höchsten Sport. Wer ans Salmonidengewässer reisen darf oder gar daran wohnt, sei beglückwünschst. Wer aber Hecht, Zander, Döbel, Rapfen, Aland, Rotfeder usw. in seinem Wasser weiß, braucht die Fliegenrute nicht aus der Hand zu lassen. Und mancher dieser Fische ist auf die Fliege erpichter als auf irgendeinen anderen künstlichen oder animalischen Köder. Der Inhalt dieses Buches wird das noch zeigen.

Doch vor den Erfolg haben die Götter den Schweiß gesetzt. Guter Stil verlangt guten Schliff. Bringen Sie Liebe zur Sache mit und den nötigen Fleiß, dann schaffen wir es gemeinsam. Eilen Sie bitte nicht gleich mit Ihrer neu erworbenen Ausrüstung zum Fischwasser; dort warten nur herbe Enttäuschungen auf Sie. Lernen Sie mit Eifer werfen, und in den Pausen, da Sie Ihre Muskeln kühlen müssen, studieren Sie die Kapitel über Fliegen und Vorfach. Und wenn Ihnen Rute und Leine gehorchen, treffen wir uns am Fischwasser wieder. – Also bis dann!

Pfingsten 1973   HANS STEINFORT

Inhalt

Fliegenfischen für Anfänger

Geräte zum Fliegenfischen

Sie wollen das Fliegenfischen lernen und sich das passende Gerät zulegen? Bei dem heutigen riesigen Angebot ist das gar nicht so einfach. Doch ich will Ihnen dabei helfen. Denn nicht alle Angelgeräte-Händler sind Fachleute auf dem Gebiet des Fliegenfischens, wenn es auch sehr erwünscht wäre.

Zunächst will ich Ihnen erklären, aus welchen Teilen eine fertig montierte Fliegenrute überhaupt besteht und wie sie aussieht. Später gehe ich das Gerät im einzelnen durch. Doch schauen Sie sich zunächst die Abbildung 1 auf der folgenden Seite an.

Da ist als erstes die Fliege, jenes zarte Gebilde, auf das die kapitalsten Fische hereinfallen. Sie ist an ein etwa 2,40 m langes Nylon-Vorfach geknotet (Knoten Nr. 1). Das Vorfach ist wiederum mit einem anders geschürzten (Knoten Nr. 2) an der Flugleine befestigt. Die Flugleine ist aber keinesfalls allein auf die Fliegenrolle gespult, sondern darunter werden etliche Meter Backingschnur aufgewunden, die sogenannte Backing- oder Nachschnur. (Sehen Sie, da hatten wir unseren ersten englischen Fachausdruck.) Backingschnur und Fliegenleine sind mit dem Backingknoten verbunden (Knoten Nr. 3). Die Backingschnur, es sind je nach dem Fassungsvermögen der Fliegenrolle 30 m und mehr, hat zum einen die Aufgabe, die Fliegenleine bis unter den Trommelrand der Rolle aufzufüllen, zum anderen aber, was noch viel wichtiger ist, dient sie beim Drill als Reserve für die Flucht ganz starker Fische, die die 27 m lange Fliegenleine im Nu von der Rolle reißen können. Darum ist es sehr wichtig, daß Sie den Backing-Knoten so sauber herrichten, daß er glatt und ohne zu blockieren durch die Rutenringe flutscht. Probieren Sie das!

Die Fliegenrolle, und das ist schon fast symbolisch, befindet sich immer am Ende der Rute. Sie wird hinter der griffumfassenden Hand mit dem Schraubrollenhalter befestigt. Doch besprechen wir unser Gerät jetzt im einzelnen.

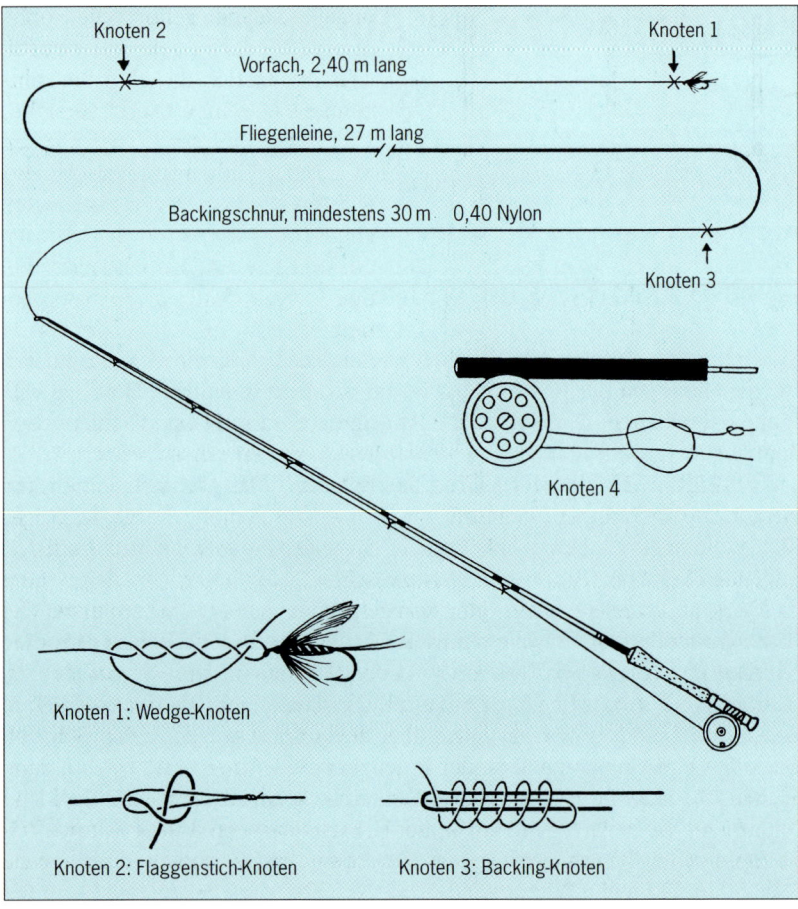

Abb. 1 (oben). Die fertigmontierte Flugangel. Der Wedge-Knoten verbindet die Fliege mit dem Vorfach. Der Flaggenstich die Vorfachschlaufe mit der Flugleine. Der Backing-Knoten hält die Fliegenleine und die Backingschnur zusammen. Mit dem Knoten 4 wird die Backingschnur an der Rolle befestigt.

Die Fliegenrute

Das wichtigste Gerät bleibt immer die Fliegenrute. Der Anfänger sollte sich, ohne zu zögern, gleich für die Kohlefaserrute entscheiden. Es muß ja nicht das teuerste Modell sein. Die Gespließte ist einfach zu kostbar, als daß sie in

14

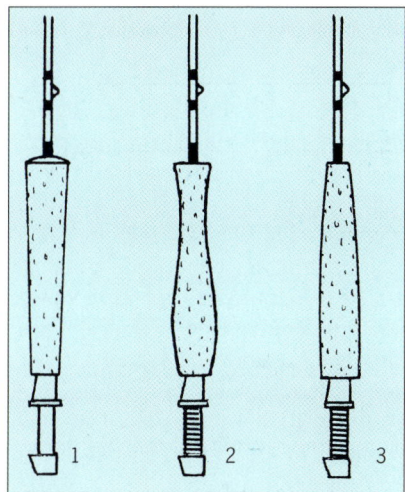

Abb. 2 Die verschiedenen Grifformen

ungeübte Hände gehört. Die Kohlefaserrute jedoch ist ein unverwüstliches Arbeitstier, das über die Jahrzehnte treu seinen Dienst versieht.

Fliegenruten sind in den Klassen 3 bis 10 für Einhandruten und in den Klassen 10 bis 12 für Lachsruten eingestuft. Was es mit den Klassen auf sich hat, erkläre ich später bei den Fliegenschnüren. Für den Anfang möchte ich eine Fliegenrute der Klasse 6/7 empfehlen, die Sie zunächst als Allroundrute für alle Sparten des Fliegenfischens verwenden können. Und sollten Sie bereits eine Fliegenrute besitzen, die eine Klasse höher oder niedriger liegt, dann macht das auch nichts.

Die Länge dieser Ruten wird meist zwischen 2,40 m und 2,70 m liegen. Sind es ein paar Zentimeter mehr oder weniger, ist das weiter nicht schlimm. Viel mehr kritische Aufmerksamkeit müssen Sie dem Rutengriff schenken. Da wird manchmal sehr gern mit Stoffen wie Leder, Schaumgummi usw. manipuliert. Kaufen Sie so etwas nicht! Ein Griff aus Kork ist das einzig Wahre, alles andere indiskutabel. Und dann noch etwas über die Form des Rutengriffes. Schauen Sie sich Abbildung 2 an! Weist der Rutengriff die Formen 1 oder 2 auf, dann können Sie die Rute in Ihre engere Wahl einbeziehen, sie ermüdet Hand und Arm nicht. Die Form 3 ist etwas für Spezialisten und setzt die sogenannte Zeigefingerhaltung beim Werfen voraus. Über dem Griff ist stets zu lesen, welche Klasse und Länge die Rute hat.

Über die Aktion von Fliegenruten lassen Sie sich nur etwas von Leuten erzählen, die wirklich Ahnung davon haben; und die werden Sie nicht allzu häufig treffen. Die Aktion, die ich Ihnen empfehlen möchte, ist die sogenannte parabolische, das heißt, die Rute biegt sich nicht nur an der Spitze oder in der Mitte, sondern über die ganze Länge durch. Haben Sie bei der Rutenauswahl keinen Fachmann zur Seite, dann gibt vielleicht der Angelgeräte-Katalog der Firma, die die Ruten hergestellt hat, die richtige Auskunft. Aber nicht alle kommen dem Anfänger so weit entgegen. Helfen Sie sich selbst! Nehmen Sie die Ruten Ihrer engeren Wahl der Reihe nach in die Hand und schwippen Sie sie hin und her. Dann entscheiden Sie sich für die steifeste des Sortiments, für die, deren Schwingungen Sie bis in die Hand zu spüren glauben.

15

Die Rolle

Das Gewicht der Rolle soll das der Rute nicht wesentlich überschreiten. Über die Gewichte von Rute und Rolle geben die Angelgeräte-Kataloge die verläßlichste Auskunft. Wichtig ist, daß die Rolle eine regulierbare Hemmung besitzt, die so fest einstellbar ist, daß die Trommel, auch wenn man einmal sehr heftig die Schnur herunterreißt, nicht überläuft. Einige Rollentypen, speziell die englischen, haben statt einer stillen regulierbaren Hemmung eine fest eingebaute Knarre. Diese ist vollkommen ausreichend und verläßlich und, wie später die Praxis beweisen wird, akustisch nicht so arg störend, wie man es befürchten sollte. Ihre Fliegenrolle muß mindestens so viel Fassungsvermögen haben, daß sie 30 m Backingschnur unter der Fliegenleine aufnehmen kann. Das Doppelte wäre besser. Achten Sie aber bitte darauf, daß nur so viel Nachschnur untergelegt wird, daß die darübergewundene Fliegenleine im voll aufgespeicherten Zustand nicht an den Rollenstegen und -rändern scheuern kann und sich dadurch vorzeitig abnutzt.

Die Fliegenleine

Sie ist neben der Fliegenrute der kostspieligste Teil unserer Ausrüstung überhaupt. Kostspielig deswegen, weil sie, trotz angediehener Pflege, starkem Verschleiß unterworfen wird. Und wer ein eifriger Flugangler ist, wird sich mindestens nach zwei Jahren eine neue Leine zulegen müssen. Beim Kauf einer Fliegenschnur ist einiges zu beachten. Da gibt es z. B. schwimmende und sinkende Schnüre. Sinkende Schnüre sind Spezialschnüre und verlangen eine fortgeschrittene Wurfpraxis. Mit dieser Angelart werde ich Sie später in diesem Buch bekannt machen. Für Sie ist erst einmal die schwimmende Leine, der übrigens beim Fliegenfischen meist verwendete Typ, interessant. Die schwimmende Leine erhält man wiederum in zwei Ausführungen, die für Sie in Frage kommen: 1. Die Keulenschnur, auch Torpedoschnur genannt. 2. Die doppelt, also beiderseitig verjüngte Schnur. Den Unterschied der beiden Schnurtypen erkennen Sie deutlich an der Schnitzeichnung Abbildung 3.

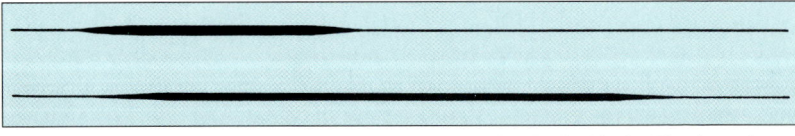

Abb. 3 Die Keulenschnur (oben), das Hauptgewicht sitzt in der Keule. Die doppelt verjüngte Schnur (unten)

Die Keulenschnur vermittelt anfangs mit ihrem gewichtigen, kopflastigen Vorderteil ein besseres Einfühlungsvermögen, wenn Sie das Werfen einstudieren. Auch läßt sie sich wenige Meter weiter werfen und hält starkem Wind besser stand. Doch glauben Sie mir: In der Praxis gelten andere Werte. Eine Entfernung, wenn es sein muß über 20 m, die den Erfordernissen entspricht, erreichen Sie auch alsbald mit der doppelt verjüngten Fliegenleine. Die ausschlaggebenden Vorteile dieser Leine sind aber die, daß sie sich erstens sanfter aufs Wasser werfen und wieder abheben läßt, also die Fische nicht so schnell vergrämt wie die heftiger aufklatschende Keulenschnur, und zweitens ist sie doppelt so lange zu verwenden wie die Keule, denn ist die Spitze vom häufigen Gebrauch abgenutzt und verschlissen, dann wendet man einfach den hinteren Teil zu vorderst, und man hat praktisch eine neue Schnur auf der Rolle. Um die Reißfestigkeit des ausrangierten, jetzt mit der Backingschnur verbundenen Teils, brauchen Sie nicht zu fürchten, denn die Seele der Fliegenleine besteht aus einer geflochtenen Kunstfaserschnur, die schon eine Menge Belastungsproben standhält. Diese geflochtene Kunstfaserschnur ist mit einem Überzug versehen, der von unzähligen winzigen Luftbläschen durchsetzt ist, die der Fliegenschnur ein etwas geringeres spezifisches Gewicht als das von Wasser verleihen. Ist der Überzug alt geworden, dann schwimmen die vorderen Meter der Schnur nicht mehr an der Oberfläche, sondern sinken ab.

Doch nun zu der Fliegenschnur, die Sie für Ihre Rute brauchen. Ich habe Ihnen ja den Vorschlag gemacht, eine Rute der Klasse 6–7 zu kaufen; also brauchen Sie ebenfalls eine Schnur der Klasse 6 oder 7. Kaufen Sie vorsichtshalber aber nur Schnüre von bekannten Firmen und haben Sie selbst als Anfänger Markenbewußtsein. Es mag sein, daß bei Ihren Wurfübungen die eine Hälfte der doppelt verjüngten Fliegenleine draufgeht. Eine „preiswerte", zu Schleuderpreisen angebotene Schnur besitzt aber nicht die Geschmeidigkeit und Wurfeigenschaften wie ein Markenerzeugnis gehobener Preisklasse.

Doch jetzt noch etwas Theorie. Die technische Bezeichnung auf der Verpackung ihrer neu erstandenen Fliegenleine wird sich etwa so lesen: Fly Line, DT-7-F: 30 Yards. Das ist alles Fliegenfischerenglisch und liest sich in der Übersetzung so: Fly Line – Fliegenleine; DT – double tapered – doppelt verjüngt; die 7 bedeutet die Klasse; F – floating – schwimmend: 30 Yards – 27 m.

Und nun möchte ich Ihnen noch einiges zu der Klassifizierung der Fliegenschnüre erklären. Früher wurden die Fliegenschnüre von den Herstellern in verschiedenen Stärken geliefert. Es kam auf das Rohmaterial an, das verwendet wurde. So hätte eine Fliegenschnur der Klasse 7 die Bezeichnungen GBG oder GBF gehabt, und bei den anderen Stärken war es nicht weniger verwirrend. Dann kam aber endlich die Polyamidfaser auf den Markt und verdrängte die alten Seidenschnüre, die nach jedem Fischertag getrocknet werden mußten, damit sie nicht verrotteten. Jetzt taten sich die bedeutendsten amerikanischen Schnurhersteller, abgekürzt AFTMA (American Fishing Tackle Manufactures Association) zusammen und einigten sich auf die heute international anerkannte AFTMA-Scala. Dabei werden die ersten 30 Fuß, das sind 9,14 m, gewogen. Das ist die Länge, die beim Fliegenfischen die Ruten am meisten belastet. Diese Länge der Klasse 7 wiegt z. B. 12,3 g, das ist schon fast ein mittleres Blinkergewicht. Und bestimmt ist Ihnen gleich klar, warum ich eine Rute mit gutem Rückgrat empfohlen habe: Sie wirft gefühlvoller, leichter und etwas weiter.

Neben den herkömmlichen Farben grün und braun werden heute weiße, rote, orange und gelbe Fliegenschnüre angeboten. Wählen Sie eine weiße. Sie erkennt man auf dem Wasser immer noch am besten.

Den fabrikneu verpackten Fliegenschnüren liegt bei manchen Fabrikaten ein Päckchen Schnurreiniger bei. Gebrauchen Sie ihn ruhig nach jedem Werfen, wenn Sie auf dem Rasen geübt oder in einem ganz sauberen Wasser gefischt haben. Die Schnur wird es Ihnen durch eine längere Lebensdauer danken.

Das Vorfach

Beim praktischen Fliegenfischen verwendet man verjüngte Vorfächer. Es hat dort, wo seine Schlaufe mit der Fliegenschnur verbunden wird, eine Stärke von 0,50 mm und verringert sich zur Spitze hin, wo die Fliege angeknotet wird, auf 0,25; 0,20, 16 oder gar 12 je nach den Anforderungen. Doch zunächst wollen Sie ja noch das richtige Werfen lernen, und dazu genügt ein monofiles Stück Nylonschnur von 2,40 m Länge in der Stärke 0,25 mm.

Die Fliege

Diese lassen Sie bei Ihren Übungen erst einmal ganz beiseite. Ebenso die hakenlosen und daher ungefährlicheren Turnierfliegen. Knoten Sie einen kleinen Wattebausch ans Vorfach. Der kostet kaum etwas und kann, wenn Sie üben, niemanden verletzen. Auch knallt er, bei unsachgemäßem Rückschwung, nicht so schnell vom Vorfach und ist, bleibt er beim Werfen einmal irgendwo in Gebüsch oder Geäst hängen, leicht zu ersetzen.

Die Wurfschule

Der Idealfall für Sie wäre, Sie würden dieses Kapitel lesen, ohne vorher je eine Fliegenrute in der Hand gehabt zu haben. Andernfalls haben Sie sich eine Menge Fehler angewöhnt, die Sie wieder loswerden müssen. Die Hauptunart des Anfängers ist das Wedeln, jenes kraftlose Hin- und Herschlenkern mit der Fliegenschnur ohne Kontrolle und Gefühl für die harmonische Zusammenarbeit von Rute und Wurfschnur. Nicht selten verführen den sich selbst überlassenen Anfänger jene von mir im Vorwort kritisierten Zeichnungen, wie z. B. das Männchen im Uhrzifferblatt, zu solchen mangelhaften Wurfkünsten. Der Rutengriff verbleibt bei allen Wurfphasen fast an einer Stelle, das ist falsch. Er muß nämlich beim Rückschwung nach hinten und beim Vorschwung nach vorn mitgeführt werden. Der Werfer auf der Abbildung tut nichts anderes als wedeln. Die Haltung der Fliegenrute an Hand von Uhrziffern zu erklären, ist grundsätzlich nicht falsch, und auch ich werde auf diese Hilfe nicht verzichten.

Es gibt verschiedene Wurftechniken. Eine der kraftvollsten und weiteste Würfe garantierende ist die sogenannte Schiebetechnik. Bis Sie aber 20 m, 25 m oder 30 m weit werfen können, haben Sie noch etwas Zeit und müssen fleißig an sich arbeiten. Doch wenn Sie meine Anleitungen befolgen, werden Sie ohne fremde Hilfe diese Entfernungen bald schaffen. Wie lange das dauert, bis Sie so weit sind? Das hängt ganz von Ihrem Fleiß und Geschick ab. Nach meinen Erfahrungen, wenn Sie täglich 1 bis 2 Stunden üben, können Sie in etwa 4 Wochen ans Wasser gehen, ohne sich zu blamieren. Zur Perfektion allerdings brauchen Sie Jahre.

Bei der Schiebetechnik wird, wie schon der Name sagt, die Rute mit dem Griff hin- und hergeschoben. Das muß in der Geraden geschehen. Stellen Sie sich vor, in Höhe Ihrer Schulter befände sich ein Tisch und Sie schöben die Rute, darauf mit dem Griff gestützt und in der 1-Uhr-Stellung verbleibend, von sich fort. Wenn Ihr Arm fast gestreckt ist, schlagen Sie die Rute kräftig nach vorn in die 11-Uhr-Stellung. Das ist der Abschluß des Vorschwungs.

In dieser 11-Uhr-Stellung verbleibt die Rute, wenn Sie sie zum Rückschwung in derselben Geraden wieder auf sich zurückziehen. Dabei nehmen Sie Ihre Wurfhand bis etwas hinter Ihre Schulter zurück und schlagen dann die Rute mit einem Rückwärtsschwipp in die 12-Uhr-Stellung. Der Schwipp wird bei 12 Uhr abgestoppt und die Rute sofort in die 1-Uhr-Stellung geneigt. Das ist der Abschluß des Rückschwungs und zugleich der Beginn eines neuen Vorschwungs. In dieser 1-Uhr-Stellung wird die Rute wieder so weit vorgeschoben, bis Ihr Arm fast gestreckt ist, und erneut in die 11 Uhr geschlagen usw. Das ist im groben der Rhythmus des Fliegenwurfs. Doch schauen Sie sich das auf Abbildung 4 an!

1. Übung

In diesem Kapitel werde ich Ihnen verschiedene Übungen aufgeben, die Sie bitte ausführen wollen, denn sie vermitteln stufenweise die richtige Wurfpraxis.

Verschaffen Sie sich in den nächsten Tagen das richtige Gefühl für den Vor- und Rückschwung. Üben Sie z. B. in der Arbeitspause! Verwenden Sie dazu Hilfsgeräte. Das kann am Schreibtisch ebenso gut ein Lineal wie an der Werkbank der Hammer sein; auch wenn Sie Gefahr laufen, von den Kollegen für übergeschnappt gehalten zu werden. Auch zu Hause können Sie diese Übung

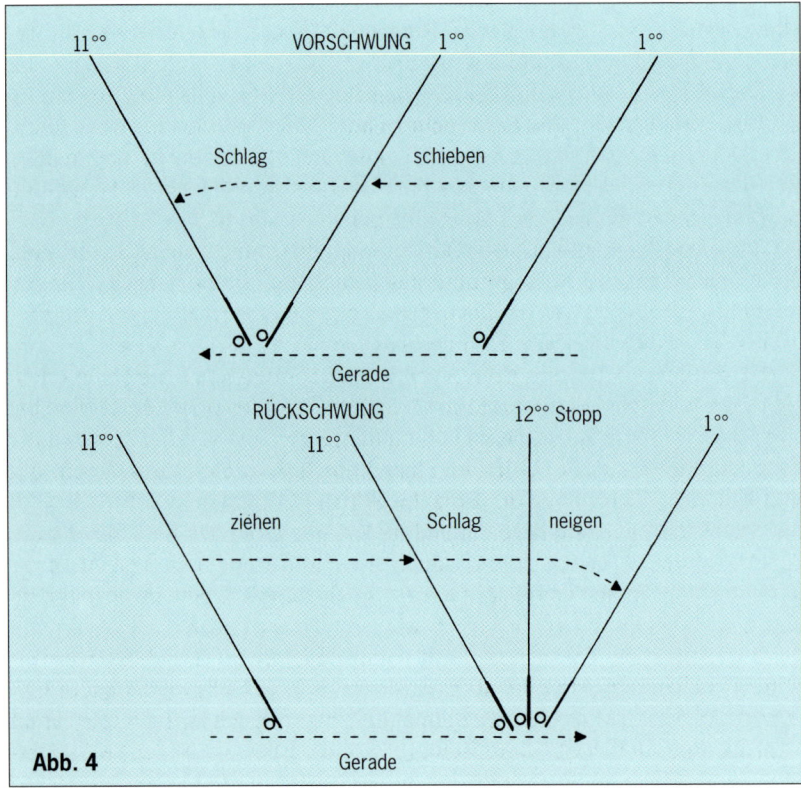

Abb. 4

mit einer schlankhalsigen (Wein-)Flasche, einem Schraubenzieher oder, was am besten ist, mit einer schnur- und rollenlosen Fliegenrute einstudieren.

Bald werden Sie feststellen, daß es anfangs gar nicht so einfach ist, die einzelnen Phasen der Reihe nach ordnungsgemäß einzuhalten. Vor allem vergessen Sie nicht den Schlag, nach dem Vor- und Rückschieben, kräftig genug mit dem Handgelenk auszuführen. Bilden Sie sich beim Vorschwung ein, Sie ständen vor einer Bretterwand und müßten mit gestrecktem Arm, aus dem Handgelenk heraus, einen Nagel eintreiben. Üben Sie mit Ihrem Behelfsgerät so lange, bis Sie die einzelnen Phasen der Abbildung 4 mit ihren Übergängen im Schlaf beherrschen; eine fertig montierte Fliegenrute würde Sie anfangs nur ablenken und aus dem Konzept bringen.

2. Übung

Sie wird mit der fertig montierten Rute ausgeführt. An Stelle der Fliege haben Sie einen kleinen Wattebausch befestigt. Die Kurbel der Rolle zeigt beim Rechtshänder immer nach links. Suchen Sie sich zum Üben am besten irgendeine Wiese aus, deren Gras nicht zu hoch steht und wo Sie von niemandem abgelenkt werden. Aber natürlich können Sie Ihre Wurfübungen auch an irgendeinem (stehenden) Gewässer absolvieren. Wichtig ist, daß Sie ringsum genügend Platz zum Werfen haben.

Legen Sie Ihre Rute auf den Boden und ziehen Sie, wenn Sie eine Rute der Klasse 7 haben, 7 m Flugschnur aus dem Spitzenring geradeaus von der Rute fort. Bei einer Rute der Klasse 6 müssen es 6 m sein und in der Klasse 8 brauchen Sie 8 m. Für diese Übung brauchen Sie nur Ihre Wurfhand, die andere lassen Sie vorerst aus dem Spiel und stecken sie am besten in die Hosentasche. Fassen Sie jetzt die Rute so, daß der Daumen oder Zeigefinger bei waagerechter Haltung auf dem Griff zu liegen kommt. Mit dem Zeigefinger klemmen Sie unter dem Griff die Flugschnur fest, damit sich während des Werfens keine Schnur von der Rolle lösen kann (Abb. 5).

Grätschen Sie die Beine leicht und stellen Sie sich schräg zur Rute hin, um die Flugschnur bei dieser Übung während des Rückschwungs beobachten zu können. Die Fliegenrute weist in der 9-Uhr-Stellung auf die langgezogen im Gras liegende Flugschnur.

Der Rückwurf wird zunächst mit vorgestrecktem Arm und steifbleibendem Handgelenk ausgeführt. Reißen Sie die Schnur mit zunehmender Geschwindigkeit vom Rasen hoch, indem Sie Unterarm, Ellenbogen und damit auch die Rute anheben. Diese Bewegung wird, wenn die Rute die 12-Uhr-Stellung erreicht hat, jäh abgestoppt, indem Sie Arm und Handmuskeln span-

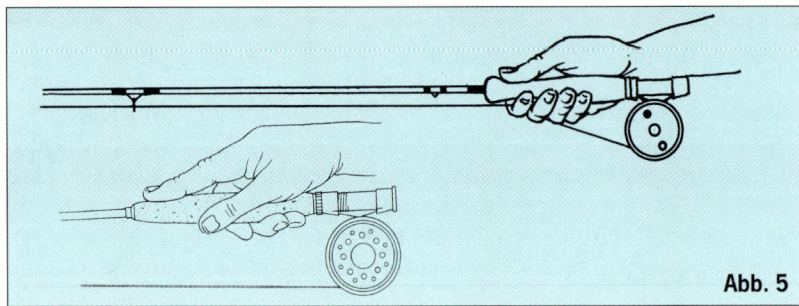

Abb. 5

nen und sofort wieder entspannen. Inzwischen mußten Sie das Schultergelenk mit einsetzen, und Ihre Hand befindet sich etwas über und hinter Ihrer Schulter. Beim 12-Uhr-Stopp ist die Schnur über die Rutenspitze schräg nach oben zurückgeflogen, und während sie sich nach hinten streckt, bringen Sie die Rute in die 1-Uhr-Stellung, dem Ausgangspunkt des Vorschwungs. Abbildung 6 zeigt diese Phase im einzelnen. Beachten Sie einmal die durchgezogene Rute an Hand der Skizze!

Es ist ganz natürlich, falls Sie kein geborenes Wurftalent sind, daß sich die ersten Male die Schnur nicht hinter der Rutenspitze streckt. Lassen Sie dann die Schnur einfach hinter sich auf den Boden fallen und probieren Sie das Ganze noch einmal von vorn, bis es richtig klappt. Die Schnur muß sich sauber nach hinten strecken und waagerecht hinter der Rutenspitze in der Luft liegen, denn ohne einwandfreien Rückwurf ist ein sauberer Vorschwung unmöglich.

Wenn Ihnen der Rückschwung gelungen ist und sich die Schnur hinter der Rute streckt, haben Sie, während der letzte Meter noch ausrollt, die Rute bereits in die 1-Uhr-Stellung gebracht und schieben sie jetzt zügig nach vorn. Anschließend wird die Rute kräftig, aus dem Handgelenk heraus in die 11-Uhr-Stellung geschlagen. Denken Sie an den Nagel, den Sie in die Wand treiben müssen! Die gestreckte Schnur hat die Rute wie eine Stahlfeder gespannt und ist nun durch den 11-Uhr-Schlag über die Spitze nach vorn geflogen. Hat sich der Schnurbogen nach vorn ausgerollt, senken Sie die Rute zügig in die 9-Uhr-Position und lassen die Schnur ins Gras fallen. Dort soll sie langgestreckt vor der Rutenspitze liegen.

Ein Kardinalfehler, den der Anfänger bei dieser Übung immer wieder macht, ist, daß er die Rute schon bei Beginn des Vorschwungs von der 1-Uhr-Stellung in die 11-Uhr-Stellung schlägt und sie dann erst nach vorn schiebt. Achten Sie bitte darauf, daß Sie die Rute erst nach vorn schieben und dann den 11-Uhr-Schlag ausführen. Schauen Sie sich noch einmal die sehr wichtige Abbildung 4 an!

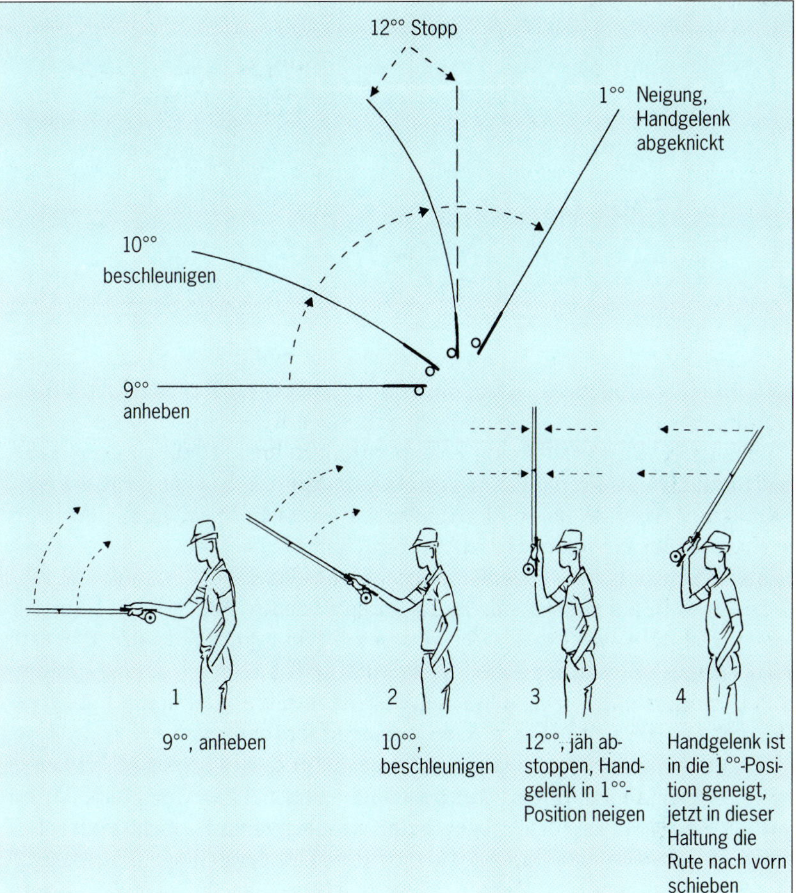

12°° Stopp

1°° Neigung,
Handgelenk
abgeknickt

10°°
beschleunigen

9°°
anheben

1
9°°, anheben

2
10°°,
beschleunigen

3
12°°, jäh ab-
stoppen, Hand-
gelenk in 1°°-
Position neigen

4
Handgelenk ist
in die 1°°-Posi-
tion geneigt,
jetzt in dieser
Haltung die
Rute nach vorn
schieben

Abb. 6

3. Übung

Wenn Sie mit der Übung Nr. 2 vertraut sind, müssen Sie die Luftwürfe lernen. Dabei berührt die Flugschnur nicht mehr den Boden. Die Luftwürfe
brauchen Sie später, wenn Sie die Schnur verlängern wollen, um einen weiter entfernten Fisch zu erreichen oder um die Trockenfliege zu trocknen. Für
diese Übung verwenden Sie die gleiche Schnurlänge wie bei der vorherigen.
Auch hierbei gebrauchen Sie nur wieder Ihre Wurfhand.

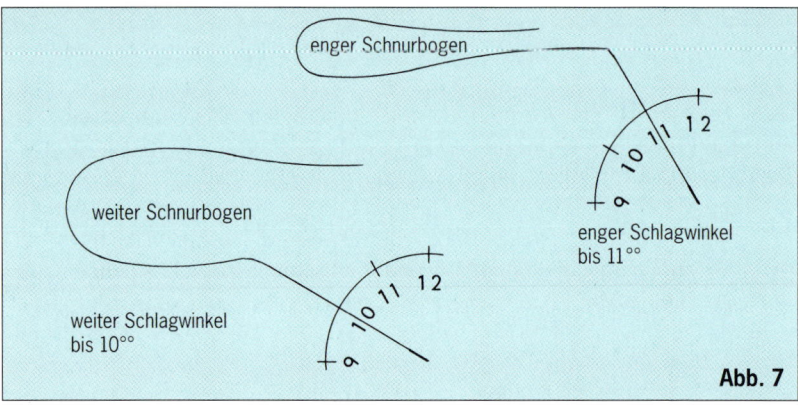

Abb. 7

Die im Gras langgestreckte Schnur wird mit einem Rückschwung aufgenommen. Dann führen Sie den Vorschwung aus, lassen aber nicht mehr die Schnur ins Gras fallen, sondern setzen, wenn sich die Schnur nach vorn streckt und der Wattebausch sich etwa in Kopfhöhe befindet, zu einem neuen Rückschwung an. Sie werfen jetzt also ganz streng nach der Abbildung 4.

Es kann Ihnen anfangs passieren, vor allem bei Wind, daß Sie beim Vorschwung statt in die 11 in die 10 Uhr schlagen. Ebenso kann es sein, daß beim Rückschwung Ihre Rute in die 1 Uhr „rutscht" und nicht bei 12 abgestoppt hat. In beiden Fällen wird der Wurf, zumal Sie mit einer kurzen Leine werfen, gelingen. Nur der Schnurbogen in der Luft wird wegen des größeren Schlagwinkels weiter ausfallen. Nun geht aber das Bestreben beim Fliegenwerfen dahin, einen möglichst engen Schnurbogen zu werfen, denn nur mit ihm sind auch weite Würfe möglich. Darum korrigieren Sie sich sofort selbst, wenn Sie merken, daß Sie die Rute zu weit herunterschlagen. Merken Sie sich: Enger Schlagwinkel – enger Schnurbogen; weiter Schlagwinkel – weiter Schnurbogen (s. Abb. 7).

Behalten Sie, wie ich es Ihnen schon empfohlen habe, die Wege Ihrer Flugschnur im Auge. Achten Sie vor allem auf das richtige Strecken der Schnur nach hinten, das „timing", wie der Fachmann sagt, ohne das kein sauberer Vorwärtswurf zustande kommen kann.

Sie werden jetzt schon gemerkt haben, daß sich bei ungenauer Ausführung oder gar Unterlassung irgendeiner Phase der Fehler sofort unangenehm bemerkbar macht: Sie verlieren den Kontakt, das Gefühl zur Schnur, und Vor- und Rückschwung gelingen nicht mehr zu Ihrer Zufriedenheit.

Daran kann aber auch Konzentrationsmangel infolge von Ermüdung schuld sein. Eine Erscheinung, die sich je nach Alter, Körperstärke, Statur und Kondition des Werfers schon nach einer Minute einstellen kann. Unterbrechen Sie dann sofort Ihre Übung und ruhen Sie sich etwas aus! Denn auch bei dieser Betätigung wollen die beanspruchten Muskeln, wie bei jeder anderen Sportart, trainiert sein. Und schließlich muß, aus gutem Grund, Ihre Wurfhand die ganze Arbeit alleine leisten. Später wird sie weitgehend vor der anderen unterstützt werden.

Üben Sie nach der Abbildung 4 die Luftwürfe so lange, bis sie Ihnen in Fleisch und Blut übergegangen sind. Woran Sie das merken, will ich Ihnen verraten: Wenn Sie im Gehen den Vor- und Rückschwung tadellos beherrschen, dann sind Sie fit. Marschieren Sie also durchs Gelände und werfen Sie dabei. Gehen Sie schwierige Wege! Im Gehen die Fliege mit ein paar Metern Schnur in der Luft zu halten, ist eine Forderung, die später die Praxis öfter an Sie stellen wird. Sie verschwenden dabei dieser Lektion also keine unnütze Zeit.

Als nächstes steigern Sie einmal beim Werfen das Tempo. Sie werden feststellen, daß Sie viel schneller schieben und kraftvoller schlagen müssen. Und dann verlangsamen Sie einmal den Wurfrhythmus so weit es möglich ist. Jetzt können Sie die Bögen und das Timing der Schnur besonders gut beobachten.

Wenn Sie bis hierher alle Lektionen beherrschen, dann ziehen Sie bitte noch 2 m Schnur von der Rolle und gehen mit dieser Länge (bei einer Rute der Klasse 7 sind es jetzt 9 m) alle Übungen, außer der ersten, noch einmal der Reihe nach durch. Sie haben nun die Schnurlänge in der Luft, bei der die meisten Ruten ihre beste Aktion entfalten, und Sie haben inzwischen schon so viel Erfahrung gesammelt, daß Sie das fühlen. Sie sind schon ein gutes Stück vorangekommen.

4. Übung

Vielleicht haben Sie bereits einem versierten Flugangler am Wasser zugeschaut? Dann ist es Ihnen sicher aufgefallen, daß außer der Wurfhand die andere allerlei wichtige Dinge zu verrichten hatte. Und sicher hat es Sie befremdet, daß ich bis zu dieser Stelle nur Ihrer Wurfhand die ganze Arbeit abverlangt habe. Dafür gab es folgenden Grund: Ich wollte es Ihnen leichter machen; denn es wäre unsinnig gewesen, von einem Anfänger gleich die Mitarbeit der zweiten Hand zu verlangen. Ihr Lohn ist, wenn Sie die Übungen bis hierher durchgepaukt haben, daß Sie die Wurftechnik mit der Wurfhand zufriedenstellend beherrschen, und Sie können sich jetzt ganz und gar auf die Aufgaben der anderen konzentrieren. „Alles hübsch der Reihe nach", so lautet die Devise dieses Buches, und so wollen wir es von der ersten bis zur letzten Seite halten. Wenden wir uns jetzt also der Aufgabe der zweiten Hand zu. Beim Rechtshänder ist es die Linke.

Mit der Wurfhand allein können Sie nur eine bestimmte Länge in der Luft halten. Und als ich bei der letzten Übung von Ihnen verlangt habe, die vorherigen Lektionen alle noch einmal mit zwei zusätzlichen Metern Schnur durchzugehen, da haben Sie sicher gemerkt, daß jetzt fast die äußerste Belastbarkeit von Rute und Muskelkraft erreicht worden ist. Dennoch werfen Sie schon mit der einen Hand eine ganz beträchtliche Länge der Leine. Denn bedenken Sie einmal: 2,60 m Rutenlänge plus 9 m Schnur plus 2,40 m Vorfach, das sind zusammengerechnet 14 m. Das ist eine Distanz, die beim Fischen mit der Trockenfliege nur selten fruchtbringend überschritten werden kann.

Trotz dieser Leistung müssen wir die zweite Hand als unentbehrliche Helferin mit einsetzen, denn sie hat folgende Aufgaben zu bewältigen: 1. Sie muß die Wurfhand durch stete Mitarbeit, den sogenannten Doppelzug, weitgehend entlasten. 2. Sie muß, wollen wir einen weit entfernten Fisch anwerfen, die zusätzlich benötigten Meter Schnur von der Rolle ziehen. 3. Sie hilft uns beim Schießenlassen. 4. Sie speichert die wieder eingeholte Schnur und übernimmt 5., wenn erforderlich, den Drill an der Rollenkurbel. Ich werde auf sämtliche Punkte, zum Teil in anderen Kapiteln, im einzelnen noch eingehen.

Mit dem Doppelzug wird das Wurftempo enorm beschleunigt. Diese Beschleunigung erlaubt es, soviel Meter Schnur in der Luft hin- und herzubewegen – der Fachmann nennt das „in der Luft halten" –, wie es der Belastbarkeit der Rute zuzumuten ist, hier spielen Aktion und Klasse eine bedeutende Rolle. Ist die äußerste Belastbarkeit erreicht – Sie werden bald ein Gefühl dafür entdecken, wenn Ihre Rute den kritischen Punkt überschreitet und nicht mehr mitmachen will, dann führen Sie noch einmal einen kräftigen Rück- und Vorschwung aus, schlagen abschließend die Rute bis in die 10-Uhr-Stellung und senken sofort nach dem Schlag die Rute in waagerechte 9-Uhr-Position. Wenn die Schnur nach vorn gesaust ist, lassen Sie mit der Linken die Schnurreserve, das können bis zu 6 und mehr Meter sein, los, und die freigegebene Schnur schießt nachfolgend durch die Ringe. Nur die präzise Beherrschung des Doppelzuges garantiert, mit Hilfe des Schießenlassens, große Wurfweiten. Doch beginnen wir von vorn.

Für diese Übung legen wir zunächst eine Schnurlänge von 9 m ins Gras. Die Rechte umfaßt den Rutengriff wie gewohnt, die Linke hält die Schnur fest und befindet sich in Höhe des Rutengriffes. Von der linken Hand zur Rolle hängt eine Schnurschlinge bis zu Ihren Knien herab (s. Abb. 8).

Heben Sie jetzt, wie bei der vorausgegangenen 2. Übung, die Schnur vom Rasen ab. Dabei hält die linke Hand die Schnur schön fest und stramm, und

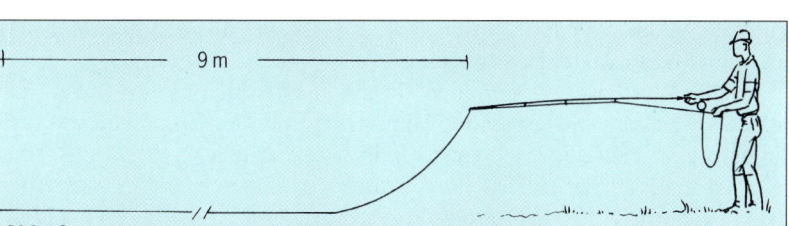

Abb. 8

reißt sie, wenn die Rute fast die 12-Uhr-Stellung erreicht hat, kräftig nach unten (Abb. 9). Sie werden sofort merken, mit welcher Rasanz die Schnur durch den Zug nach hinten schnellt. Und Sie spüren deutlich, wie die sich nach hinten streckende Schnur an der Rutenspitze und Ihrer linken Hand zieht, so daß Sie nur leicht nachzugeben brauchen, und die Rute neigt sich von selbst in die 1-Uhr-Stellung, unserem bekannten Ausgangspunkt für den Vorschwung. Natürlich können Ihre ersten Versuche schiefgehen. Lassen Sie dann die Leine einfach hinter sich ins Gras fallen und probieren Sie so lange, bis es klappt. Nach ein paar Versuchen bekommen Sie schon das richtige Gespür.

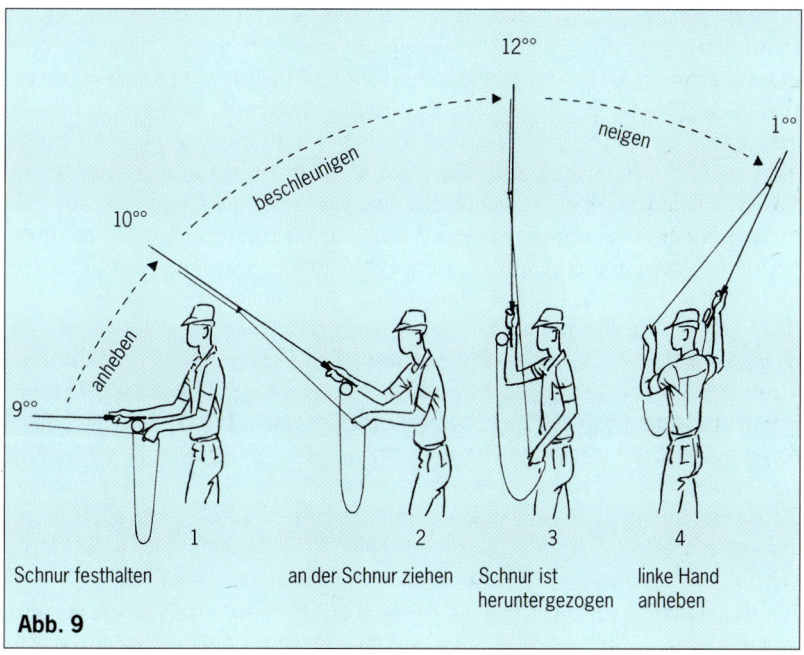

Abb. 9

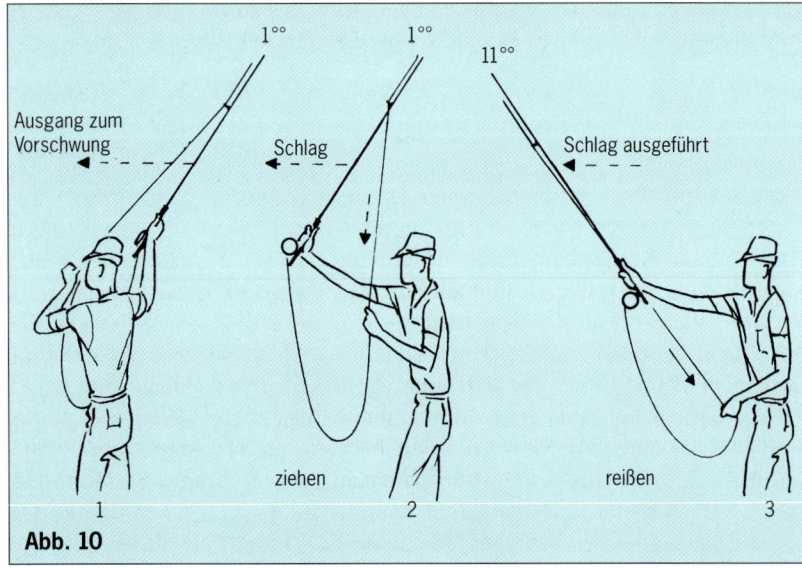

Abb. 10

Gehen wir jetzt davon aus, daß der Rückschwung geglückt ist und Sie in der linken Hand deutlich das Ziehen der sich nach hinten streckenden Schnur gespürt haben. Lassen Sie jetzt Ihre Linke dem Zug folgen und heben Sie sie bis in Gesichtshöhe an. Die Schnur muß sie dabei gut festhalten. Sehen Sie sich das bei der letzten Figur der Abbildung 9 genau an! Dadurch kann die sich nach hinten streckende Schnur weitere 30 bis 40 cm durch die Ringe ziehen, die beim Vorschwung wieder nach unten gerissen werden.

Beginnen Sie nun mit dem Vorschwung (Abb. 10). Schieben Sie die Rute – in der 1-Uhr-Stellung! – unter steter Beschleunigung nach vorn, bis Ihr Arm fast gestreckt ist; zweite Figur, Abb. 10. Gleichzeitig zieht Ihre linke Hand die Schnur wieder nach unten. Die letzten Zentimeter werden sogar gerissen, und zwar dann, wenn Sie den Schlag in die 11 Uhr ausführen. Senken Sie jetzt die Rute zügig in die 9 Uhr, wobei Ihre Linke die gehaltene Schnurschlaufe freigibt. Diese wird von der sich nach vorn streckenden Schnur durch die Ringe mit hinausgezogen. Man nennt es auch „schießen lassen".

Die Flugleine muß jetzt schön gerade vor Ihnen im Gras liegen. Tut sie das nicht, dann haben Sie zu lasch gezogen und geschlagen. Ist sie aber nach dem Schießenlassen wieder zurückgeschnellt, dann haben Sie Zug und Schlag zu kräftig ausgeführt. Das ist weiter nicht schlimm. Egal wie das Ergebnis ausfällt: Ziehen Sie mit der Linken wieder so viel Schnur durch den

Spitzenring ein, daß die Schnurschlinge wieder bis zu Ihrem Knie (Abb. 8) herabhängt, und probieren Sie weiter, bis die Schnur locker ins Gras fällt.

5. Übung

Üben Sie jetzt die Luftwürfe mit dem Doppelzug. Setzen Sie, genau wie bei der Übung 3, wieder zum Rückschwung an, wenn sich die Schnur nach vorne streckt und in Kopfhöhe befindet. Und nehmen Sie bitte nicht mehr Schnur dazu als die 9 m. Lernen Sie erst mit dieser Länge sauber werfen, denn wenn Sie den Doppelzug einwandfrei beherrschen, haben Sie das Spiel so gut wie gewonnen, und größere Wurfweiten sind für Sie ein Kinderspiel. Schauen Sie sich, falls Schwierigkeiten auftreten, immer wieder Abbildungen 9 und 10 genau an; Sie haben dann bestimmt irgendeine Phase ausgelassen oder falsch ausgeführt. Der häufige Fehler der Anfänger ist, daß sie die Rute erst schlagen und dann schieben. Auch vergißt man anfangs gern, die Rute nach dem 12-Uhr-Stopp in die 1-Uhr-Stellung zu neigen. Bewegen Sie die Rute mit Elan, so daß sie sich kräftig durchbiegt. Sie soll ja beim Wurf ihre volle Federkraft entwickeln, und kaputtmachen können Sie dabei nichts. Und teilen Sie die Schläge kräftig genug aus!

Bis Sie das alles gelernt haben, werden bestimmt ein paar Stunden, ja vielleicht sogar Tage vergehen. Aber mit der Zeit werden Sie gemerkt haben, daß die linke Hand die rechte Wurfhand mit Hilfe des Doppelzuges spürbar entlasten kann. Richten Sie auf diese Entlastung Ihr Augenmerk. Später, wenn Sie stundenlang am Wasser werfen, müssen Sie mit Ihren Kräften haushalten.

Anfangs wird Ihr Wurfstil noch etwas eckig und verkrampft wirken. Später, mit zunehmendem Können, werden die Phasen ineinander verschmelzen und Ihr Rhythmus wird mehr Harmonie bekommen. Auch hier macht nur Übung den Meister. Lästig sein kann starker Gegenwind oder Seitenwind von rechts. Stellen Sie sich so, daß er von links kommt und die Schnur nach rechts drückt, dann kann sie nicht mit der Rute oder Ihrem Körper kollidieren. An späterer Stelle, wenn wir am Wasser sind, werde ich zeigen, wie man widrigen Winden begegnet.

6. Übung

Versuchen Sie jetzt Ihre Wurfrichtung zu ändern. Das ist eine Forderung, die später die Praxis oft genug an Sie stellen wird; wenn z. B. seitlich von Ihnen oder gar hinter Ihrem Rücken ein Fisch steigt. Das geschieht so: Wenn sich die Schnur beim Rückschwung streckt, ändern Sie die Richtung, indem Sie die Rute geradewegs auf das neue Ziel zuschieben und -schlagen. Richtungsänderungen bis zu 45° sind so möglich. Befindet sich die Stelle, die Sie anwerfen wollen, noch seitlicher, dann müssen Sie ein paar Luftwürfe zur Korrektur dazulegen.

7. Übung

Jetzt sollen Sie erfahren, wie man die Schnur beim Werfen verlängert, oder ausspielt, wie man auch sagt.

Die Flugschnur ist auf Ihre Rolle gespult. Stellen Sie die Rute auf Ihren Fuß, damit die Rolle nicht verschrammt, und ziehen Sie gut 2 m Schnur aus dem Spitzenring. Dann nehmen Sie die Rute wie gewohnt in die Hand (Abb. 8), ziehen mit der Linken etwa 1 m Schnur von der Rolle und führen den Rückwurf wie gehabt aus. Nach dem Vorschwung und dem 11-Uhr-Schlag geben Sie diesen Meter frei, indem Sie ihn zwischen Daumen und Zeigefinger der Linken durch die Ringe schießen lassen. Sobald diese Länge draußen ist, drücken Sie Daumen und Zeigefinger wieder zusammen, fangen so die dazwischen gleitende Schnur ein und halten sie gut fest. Beim erneut angesetzten Rückschwung ziehen Sie eine weitere Länge von der Rolle, die Sie nach dem 11-Uhr-Schlag wieder freigeben. Und so verfahren Sie weiter.

Anfangs wird sich Ihre Rute ein bißchen nach Besenstiel anfühlen, aber sobald Sie eine gewisse Länge draußen haben, werden Sie merken, wie sie zu arbeiten beginnt. Sie fängt an, ihre Aktion zu entwickeln.

Ist der Punkt ihrer besten Aktion überschritten, bei den meisten Ruten liegt er zwischen 9 und 12 Metern, dann ziehen Sie noch einmal einen guten Meter Schnur von der Rolle und lassen ihn nach dem letzten Vorschwung schießen.

8. Übung

Jeder Anfänger will sofort möglichst weit werfen und ist gnadenlos zum Scheitern verurteilt, weil er falschen Vorstellungen unterliegt. Superweitwürfe, wie sie die Turnierwerfer unter Einsatz des ganzen Körpers hinlegen, und zu denen meist selbstgebasteltes Spezialgerät und Spezialschnüre verwendet werden, sind mit Gebrauchsruten nicht auszuführen und auch nicht notwendig.

Wollen Sie später einmal über 25 m werfen, falls Sie in großen Seen oder Talsperren fischen, dann werden Sie sich eine eigens hierfür gebaute Rute der Klasse 8 bis 10 und eine Keulenschnur zulegen. Diese Ruten halten etwa 15–20 m Schnur in der Luft. Ist mit dieser Länge die äußerste Belastbarkeit der Rute erreicht, läßt man die Schnur schießen. Das können 12 und mehr Meter sein, die man vorher von der Rolle gezogen hat. Nur so und nicht anders können Entfernungen von 30 m erreicht werden. Ein Irrtum des Anfängers ist, daß er denkt, er könne solche Längen beim Werfen von der Rolle ziehen und Meter für Meter ausspielen.

Im vorherigen Kapitel haben Sie das Ausspielen der Schnur geübt. Sie werden eine Entfernung von 12 m bis 15 m erreicht haben, je nach dem Rückgrat Ihrer Rute. Diese Länge lassen Sie jetzt einmal auf dem Boden liegen. Ziehen Sie noch weitere 5 m bis 8 m Schnur von der Rolle und lassen diese vor Ihre Füße ins Gras fallen. Stehen die Halme zu hoch, dann breiten Sie als Unterlage eine Decke vor sich aus, damit sich die Schnur nicht verheddern kann. Ich selber, falls ich vom Boot einmal diesen Stil werfe, verwende dafür einen alten Köderfisch-Kessel, dessen Einsatz verlorengegangen ist.

Ziehen Sie die vorher ausgespielte Schnur durch die Ringe auf sich zu und lassen Sie sie zu der anderen fallen. Etwa 6 m lassen Sie vor dem Spitzenring draußen im Gras liegen. Nehmen Sie nun die Schnur wie gewohnt auf. Bei jedem Vorschwung geben linker Daumen und Zeigefinger eine gewisse Länge frei, und ist der Punkt erreicht, an dem Ihre Rute die äußerste Belastbarkeit erlangt, lassen Sie die abgezogenen Meter hinausschießen. Das kann mit drei bis vier Vorschwüngen geschehen sein, weil bei jedem Vorschwung, je nach Übung, zwei bis vier Meter durch die Ringe gleiten. Auf diesem Wege kann man in der Praxis im Nu einen ausgemachten Fisch anwerfen.

Nun kann man aber draußen am Fischwasser nicht immer die benötigte Schnurlänge vor sich ausbreiten, und die Rolle, das haben Sie ja schon erkannt, gibt uns nur eine begrenzte Meterzahl frei. Der Fliegenfischer muß also die Länge, die er mit seiner Rute ausspielen will, beim Werfen in der Hand halten. Wie er das verhältnismäßig einfach meistert, erzähle ich Ihnen in einem anderen Kapitel.

Wenn Sie bis hierher alle Übungen absolviert haben, können Sie getrost ans Fischwasser gehen. Und Sie werden beim ersten Anblick eines steigenden Fisches dermaßen aus dem Häuschen geraten, daß Sie alles, was Sie gelernt haben, vor lauter Fischfieber vergessen und sich mit der eigenen Wurfschnur fast erdrosseln. Verzweifeln Sie nicht an sich, auch den großen Meistern ist anfangs solches passiert. Reißen Sie sich zusammen und werfen Sie, als stünden Sie wieder auf Ihrem Übungsrasen. Die Fische schwimmen Ihnen unterdessen nicht davon. Und wenn das nichts hilft, dann gehen Sie für einen Augenblick abseits und machen ein paar Luftwürfe, damit Sie wieder zu Ihrem Rhythmus finden. Das ist eine Übung, die ich Ihnen anfangs vor jedem Gang ans Fischwasser empfehlen möchte, und selbst alte Hasen praktizieren das manchmal noch. Auch bei Könnern schleichen sich immer wieder die gleichen Fehler ein, und meist sind sie ein Erbe aus der eigenen Lehrzeit. Zum Schluß dieses Kapitels will ich Sie noch einmal auf die häufigsten Fehler hinweisen:

–   Die Rute wird beim Rückschwung zu weit hinten abgestoppt und die Schnur berührt dadurch den Boden oder das Wasser.
–   Der Werfer schlägt die Rute schon zu Beginn des Vorschwungs in die 11 Uhr und schiebt sie dann erst nach vorn. Die Rute muß erst geschoben und dann geschlagen werden.
–   Wenn die Rute beim Rückschwung bei 12 Uhr abgestoppt wurde, muß sie anschließend in die 1 Uhr geneigt werden, ehe sie nach vorn geschoben wird. Vergißt man das, so verfängt sich die Fliege an Rute oder Wurfschnur.
–   Man verfällt beim Anblick steigender Fische häufig in ein nervöses Wedeln und bringt keinen vernünftigen Wurf zustande. Besinnen Sie sich in Ruhe auf die einzelnen Wurfphasen!
–   Wenn die Schnur nicht richtig schießen will, dann haben Sie Ihre Luftwürfe zu lasch ausgeführt und die Rute nicht kräftig genug geschlagen oder zu wenig an der Schnur gezogen.
–   Wenn beim Rückschwung Ihre Fliege abknallt, haben Sie das Timing nicht eingehalten. Die Schnur hatte also keine Zeit, sich richtig nach hinten zu strecken.

Keine Plauderei über Fliegen

In unseren Gewässern leben Fische und Pflanzen. Neben ihnen gedeiht eine ungeheuer artenreiche Kleintierwelt. Wer früher, angeregt von seinem Biologie-Lehrer, mit dem Fangnetz zu Bach und Tümpel gezogen war, wird sich bestimmt seiner Ausbeute an Asseln, Wanzen, Spinnen, Käfern, Flohkrebsen, Wasserflöhen und einer Unmenge von Insektenlarven erinnern, die er dem Wasser entnommen hatte. Unter diesen Tierchen herrscht ein erbarmungsloser Kampf ums Dasein, und ein beträchtlicher Teil von ihnen bildet die Nahrungsgrundlage der Fische. Das haben sich die Fliegenfischer zunutze gemacht.

Wer offenen Auges an seinem Fischwasser entlangstreift, hat sicher schon einmal Insekten beobachtet, die scheinbar auf der Wasseroberfläche ausruhten, darüber schwebten oder darauftippten, daß sogar kleine Ringe entstanden. Diese Fliegen, wie wir sie einmal nennen wollen, sind befruchtete Weibchen bei der Eiablage gewesen, denn ein Großteil unserer Insektenwelt verbringt sein Jugend-, sprich: Larvenstadium unter Wasser. Bei diesem Geschäft der Eiablage werden die Fliegen bereits leichte Beute der Fische, und die Forelle, eine wahre Meisterin im Springen, greift das tanzende Insekt sogar aus der Luft. Der Fliegenfischer indes greift in die Tasche und holt die Schachtel mit seinen Trockenfliegen hervor. Mit ihnen täuscht er den Fischen ein auf der Oberfläche eiablegendes oder treibendes Insekt vor.

Dem Insektenei, das zum Grund gesunken ist oder an Stein und Pflanze haftet, entschlüpft eines Tages die Larve. Sie ist den Fischen willkommene Beute, wenn sie selbst fressend am Grunde herumkriecht oder auf dem Weg nach oben ist, um an der Luft ihre Hülle zu sprengen und als fertiges Insekt von dannen zu schwirren. Mit den „Nymphen" und verschiedenen Mustern von Naßfliegen ahmt der Angler diese Insekten-Stadien nach.

Hat das Insekt die Reise an die Oberfläche unbeschadet überstanden und im Wind seine Flügel getrocknet, kehrt es nach dem Hochzeitsflug zum Wasser zurück, um für die Erhaltung der Art zu sorgen. Für eine ganze Reihe von Insekten hat sich nach der Eiablage der Kreis geschlossen. Todesmatt oder verendet treiben sie vor die Mäuler der Fische, die z. B. während der Maifliegenzeit wahre Freßorgien feiern. Mit der Maifliegen-Imitation und der „halbtrockenen" Naßfliege spricht der Fluangler ein wichtiges Wort mit.

Aber nicht nur der Insekten-Zyklus sorgt für ein vielfältiges Nahrungsangebot. Es verirrt sich ungewollt sonst noch allerlei in das nasse Element. Da tat der Heuhupfer einen Fehlsprung über den Uferbord, der alten Standforelle genau vor die Nase, die der Abwechslung nicht abgeneigt ist. Und vielleicht wäre diese alte Tante, die alle Fliegenmuster schon auswendig kennt, mit einer Heupferdchen-Nachbildung endlich einmal zu überlisten.

Da hat sich aus der sommerlichen Hitze ein Schwarm dicker Döbel unter das schattenspendende Ufergebüsch zurückgezogen. Ein plötzlicher Windstoß schüttelt die feiste, langbehaarte Raupe aus dem Blattwerk und läßt sie laut aufklatschend zwischen die Fische fallen. Und schon fährt Leben in die mittagsträge Gesellschaft, gleich ein halbes Dutzend Mäuler schnappt nach dem fetten Happen. Der Fluangler täuscht mit „Palmern" oder palmerartig gebundenen Fliegen diese Raupentragödien vor.

Desgleichen muß eine ungeheure Menge von Käfern, Ameisen und Faltern notwassern. Sie werden, ob tot oder lebendig, leichte Beute unseres Wasserwildes. Für sie alle hat der Fliegenfischer ähnelnde Fliegen parat, und es ist keinesfalls vermessen, wenn er behauptet, daß sein Köder das „Natürlichste" sei, was man den Fischen überhaupt anbieten könnte.

33

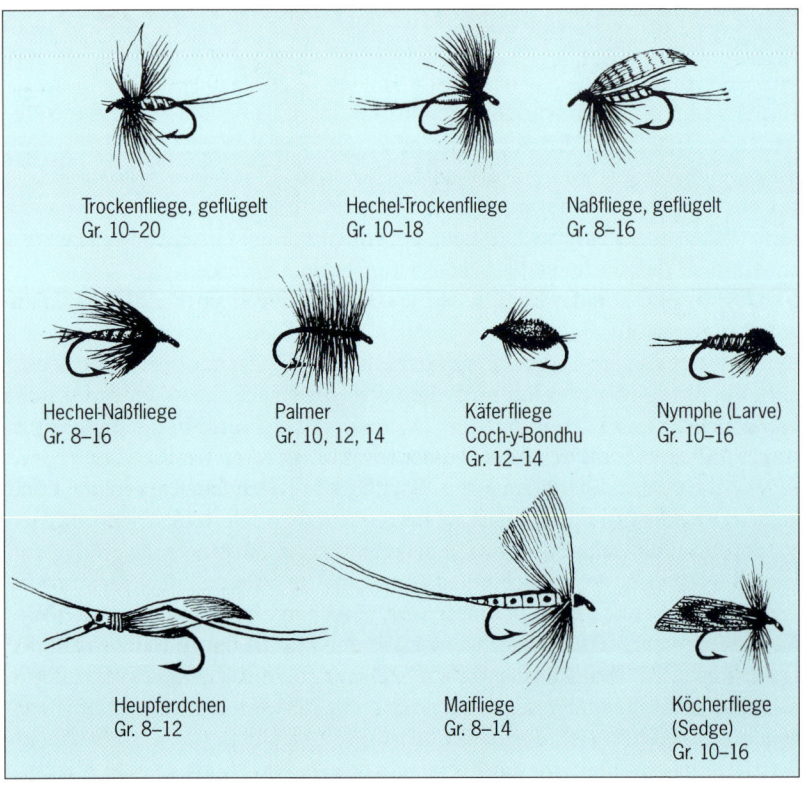

Abb. 11 Die gebräuchlichsten Fliegen-Typen

So ist es kein Wunder, daß im Laufe der Jahre, ja der Jahrhunderte, denn so alt ist das Fliegenfischen schon, eine Unzahl künstlicher Fliegen entwickelt wurde, bei der selbst der Fachmann nicht mehr durchsteigt, der Anfänger aber verzweifelt. Denn neben den Fliegen, die natürlichen Vorbildern nachgebunden worden sind, existieren Unmengen von Phantasiefliegen. Trotz dieser erdrückenden Zahl von Fliegen ist alles ganz einfach, und Sie werden noch sehen, mit wie wenigen Sie auskommen und Fische fangen können. Lernen Sie zunächst einmal die trockene und die nasse Fliege unterscheiden, und merken Sie sich die bekanntesten Formen (Abb. 11), deren Zweck ich vorhin an Hand der kleinen Beispiele erwähnt habe.

Der Flugangler unterscheidet zwischen Trockenfliege und Naßfliege. Die Trockenfliege muß auf der Oberfläche schwimmen. Die Naßfliege hat zu versinken und wird von dem Fliegenfischer unter der Wasseroberfläche „ge-

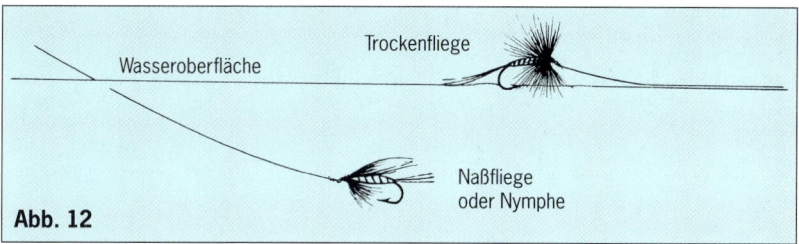

Wasseroberfläche

Trockenfliege

Naßfliege
oder Nymphe

Abb. 12

führt". Die Abbildung 12 zeigt, wie die beiden Fliegentypen den Fischen angeboten werden.

Sehr buschig gebundene Naßfliegen, auch Palmer mit weichen Hecheln gehören dazu, treiben meist nach dem Einwurf eine Zeitlang halb vesunken in der „Haut" des Wasserspiegels, bevor sie von selbst absinken oder mit einem Ruck an der Schnur unter Wasser gezogen werden. Der Flugangler wartet erst ab, ob sich jemand aus dem Fischvolk für Oberflächennahrung interessiert, ist das nicht der Fall, läßt er anschließend seinen Köder eine Etage tiefer arbeiten. Er schlägt also zwei Fliegen mit einer Klappe.

Die Methode, so zu fischen, ist etwas unkonventionell und wird nur gelegentlich praktiziert. Ich plaudere nur deswegen über dieses Thema, damit Sie Bescheid wissen, falls in Ihrer Umgebung einmal darüber gefachsimpelt wird. Und sollte bei nächster Gelegenheit Ihre Naßfliege nicht sofort untertauchen, dann lassen Sie sie ruhig einmal eine Weile an der Oberfläche treiben, vielleicht findet sie als „Halbtrockene" Anklang.

Doch unterhalten wir uns noch etwas über Trocken- und Naßfliegen. Die Qualität einer Trockenfliege bestimmt in erster Linie die Güte ihrer Hecheln. Das ist die Krone aus Federfibern am Kopf unserer Fliegen. Sie können aber auch über den gesamten Körper, wie beim Palmer, gewunden sein. Die Hechel einer tadellosen Trockenfliege muß sich borstig anfühlen und dennoch genügend Elastizität besitzen, damit sie sich gut gegen das Wasser abstemmen kann. Die besten Hecheln für Trockenfliegen liefert uns der Kragen eines Haushahnes bestimmter Rassen. Die Hecheln haben aber nicht nur die Aufgabe, der Fliege zum Schwimmen zu verhelfen, sondern sie täuschen den Fischen Insektenbeine und -flügel vor. Und wenn wir draußen am Wasser einmal eine schwirrende Mücke aufmerksam betrachten, dann ist die Ähnlichkeit mit einer Trockenfliege wirklich überraschend. Die Schwimmfähigkeit der Fliege wird bei manchen Typen außerdem noch von Schwanzfäden unterstützt (s. Abb. 12). Viele Flugangler benetzen die Hecheln und Schwanzfäden ihrer Trockenfliege mit siliconhaltigen Fliegenölen, die wasserabstoßend wirken. Doch eine gute

Trockenfliege schwimmt ohne Hilfsmittel, und sollte sie einmal untergetaucht und mit Wasser durchtränkt sein, dann trocknet sie der alte Hase mit Luftwürfen an kurzer Leine, die er mit Hilfe des Doppelzuges stark beschleunigt.

Naß- und Trockenfliegen werden als geflügelte und als Hechelfliegen hergestellt. Die Flügel einer klassischen Trockenfliege stehen V-förmig auseinander und neigen sich etwas vornüber. Eine Ausnahme macht die Sedge (oder Köcherfliege), eine sehr wichtige Trockenfliege mit eng am Körper anliegenden Flügeln. Bei der Naßfliege zeigen die Flügel nach hinten und sind über die Hecheln gebunden, bei der Trockenfliege stehen sie aus den Hecheln heraus (Abb. 11).

Entgegen den festen Trockenfliegen-Hecheln sind diejenigen der Naßfliege weich und flaumig, denn sie sollen sich ja nicht gegen die Spannkraft des Wassers sperren, sondern schnell eintauchen und die Fliege absinken lassen. Diese Hecheln stammen aus dem Federkleid der Haushenne und von freilebenden Vögeln wie Rebhuhn, Schnepfe, Wildente, Star usw., teilweise auch von exotischem Geflügel. Die Hecheln der Naßfliege werden unter Wasser mittels Zug an der Leine, Wippen mit der Rutenspitze oder allein von der Strömung in Bewegung gesetzt. Sie verleihen der Fliege Leben und reizen den Fisch zum Zupacken.

Die Leiber unserer Fliegen bestehen aus Gold- oder Silberlametta, aus bunter Seide oder Wolle. Ferner werden Federfibern verarbeitet oder so abenteuerliche Dinge wie Wolle vom Hasen, Maulwurf und der Wasserratte. Häufig sind die Fliegenkörper noch mit Gold- oder Silberdrähten umrippt. Die Stoffe, die bisher zum Fliegenbinden verwendet worden sind, lassen selbst den kühnsten Phantasten erblassen, und noch immer kommen neue dazu.

Künstliche Fliegen können nur unter kundigen Händen entstehen. Eine Maschine vermag diese kleinen Wunder nicht zu vollbringen. Darum werden gute Fliegen immer ihren guten Preis haben, und allein diese Realität, lassen wir einmal die ideellen Überlegungen außer acht, veranlaßt manchen Flugangler, seine Fliegen selbst zu binden. Jeder Angeltag fordert seinen Tribut. Schnell fängt ein unerreichbarer Ast unsere Fliege oder verbiegt ein Uferfels oder Brückenpfeiler den Haken. Aber auch ein brüchig gewordenes Vorfach, ein zu heftig gesetzter Anhieb lichten den Vorrat unserer Fliegenschachtel merklich. Zwischen erstem Hahnenschrei und letztem Amselsang steigt die Verlustquote nicht selten auf zehn Stück und mehr. Darum: Sollten Sie zum Vollblutfliegenfischer avancieren, dann machen Sie sich alsbald mit der Selbstherstellung Ihrer Fliegen vertraut. Abgesehen von dem Reiz, seine Beute mit einer Eigenschöpfung überlistet zu haben, wird Ihrem Geldbeutel merklich weniger Substanz entzogen. Rechnen Sie doch einmal aus, was Sie bezahlen müßten, wenn Sie sich ein nur relativ bescheidenes Sortiment der Abbildung 11 zusammenstellen wollten und von den abgebildeten Fliegen je fünf Stück in dreierlei Hakengrößen kauften.

Fliegen werden auf verschiedene Hakengrößen gebunden, und die Hakengröße ist für den Erfolg ausschlaggebender als das buntgewürfelte Sortiment. Für Forellen, Äschen und kleinere Weißfische empfehlen sich die Hakengrößen 18–12; für Döbel, Rapfen, große Salmoniden usw. die Größen 12–8. Morgens und abends wählt man gewöhnlich die Haken ein bis zwei Nummern größer als am lichten Mittag. Entscheidend sind also die Haken- und somit die Fliegengrößen. Welche Fliegen Sie sich kaufen sollten, das verrät Ihnen das nächste Kapitel.

Zwei Fliegen genügen für den Anfang

Wer hat sich noch nicht von den Erzählungen faszinieren lassen, in denen der Fliegenfischer, von tosenden Wassern umrauscht, der Riesenforelle eine Fliege nach der anderen anbietet, ohne daß eine einzige Gnade fände? Und natürlich werden uns auch ihre Namen nicht verschwiegen. Recht geheimnisvoll klingen sie, und manche kennt selbst der Fachmann nur vom Hörensagen. Und dann, nach Stunden unzähliger Würfe, die Dämmerung bricht bereits hinein, findet der verzweifelte Fliegenfischer im äußersten Winkel seiner Schachtel eine längst vergessene Fliege. „Nur noch diesen letzten Versuch!" schwört er und visiert den Fisch mit besonderer Sorgfalt an. Da, die Fliege ist schon fast an der Forelle vorbeigetrieben, als diese sich plötzlich herumwirft und auf den Köder stürzt. Ein Wasserschwall entsteht, Anhieb, die Rute biegt sich, und die Rolle beginnt zu kreischen …, wie's weitergeht kennen wir aus ungezählten ähnlichen Schilderungen – und lesen es doch immer wieder gern.

Dabei hätte es unser Held viel einfacher haben können, wenn er beim Verweigern der dritten Fliege die begehrenswerte Ignorantin für ein paar Stunden in Ruh' gelassen hätte, steigen derweil doch noch andere Fische. Denn daß die Forelle nach endlosen Versuchen schließlich doch zupackte, lag wohl kaum an der besonderen Fliege, sondern hat in neunzig von hunderten Fällen folgende Gründe: Entweder war inzwischen ein günstigerer Lichteinfall entstanden (Einbruch der Dämmerung), denn meistens schreckt der Fisch vor dem leider nicht immer zu verbergenden Vorfach zurück. Oder er war, zu so später Stunde verständlich, plötzlich hungrig geworden, oder er bekam die Wut und stürzte sich auf den lästigen Störenfried. Und nicht selten sind alle drei Komponenten im Spiel.

Nun will ich aber niemandem die Freude am Ausprobieren verschiedener Fliegenmuster nehmen, und sollten Sie eines Tages ein Faible dafür entdecken, mit den unterschiedlichsten Mustern zu experimentieren, bitte, in diesem Buch werden Sie ein entsprechendes Kapitel über ein paar weitere gute Fliegen samt Tabellen finden. Für den Anfang aber genügen nur zwei Fliegen.

Die beiden Fliegen, die ich Ihnen besten Gewissens ans Herz lege, sind die Goldfliege (Wickham's Fancy) als Trockenfliege und die Märzbraune (March Brown) als Naßfliege. Es können auch andere sein, aber ich wüßte keine Fliegen besserer Universalität. Und wenn Sie den Verwendungszweck dieser beiden Fliegen noch kombinieren, die Märzbraune als Trockenfliege und die Goldfliege als Nasse, nötig ist das aber kaum, dann können Sie getrost an alle nahen und fernen Wasser reisen, ans heimatliche Vereinsgewässer wie an die legendären Flüsse und Seen jenseits des Polarkreises oder wohin uns unsere Traumziele locken.

Also zwei Fliegen nur, so einfach kann es sein! Sie werden es noch erleben, wieviel kostbare Zeit beim Durchprobieren reichhaltiger Fliegensortimente draufgeht, wenn Sie später einmal diese Krisis, kein Fliegenfischer bleibt davon verschont, selber durchmachen. Entweder werden Sie zum Fliegennarr oder kehren reumütig zu einem festumrissenen Sortiment zurück, das zwar aus ein paar Fliegen mehr bestehen wird als Goldfliege und Märzbraune. Die beiden Erfolgsfliegen Ihrer Novizenzeit werden in Ihrer Fliegenschachtel aber bestimmt nicht fehlen.

Die Goldfliege, der englische Name Wickham's Fancy sagt es schon, ist eine reine Phantasiefliege und hat in der freien Natur kein festes Vorbild, sondern wahrscheinlich gleich mehrere. Würde sie denn sonst von den Fischen genommen? Man kann sie deswegen auch die ganze Saison durch trocken fischen. Und wo die Saison vom 1. Januar bis zum 31. Dezember dauert, bitte: ich wüßte keinen Monat, in dem ich mit dieser Fliege nicht zumindest ein paar ewighungrige Döbel aufs Kreuz gelegt hätte.

Die Goldfliege hat einen mit Flachgold umwickelten Körper, über den, nicht zu dicht, nach Palmerart eine ingwerrote Hahnenhechel gewunden ist. Der Haupt-Hechelkranz am Kopf der Fliege besteht aus einer gleichfarbenen Feder. Die Schwanzfibern der Goldfliege sind ebenfalls ingwerrot, die Flügel weiß.

Diese Fliege zieren also insgesamt zwei Hecheln. Das macht sie bedeutend schwimmfähiger als ihre spärlicher gebundenen Schwestern. Daß dies ein Vorteil ist, wird Ihnen auch als Laie einleuchten. Dazu kommt, daß die eigentlich schlichte Farbe der Goldfliege auf dem Wasser relativ gut auszumachen ist, eine Notwendigkeit, von der Sie der erste verpaßte Anhieb spätestens überzeugen wird. Nach einem gehabten Biß wird es bei der Trockenfliegenfischerei etwas umständlich. Die Fliege ist voll Wasser und Fischschleim gesogen und verweigert in diesem Zustand das Schwimmen. Also wird sie vorsichtig, damit die Hecheln nicht beschädigt werden, mit Wasser abgespült. Danach wird sie mit einer Reihe von Luftwürfen wieder getrocknet. Manche Leute benetzen sie anschließend mit dem vorher erwähnten Öl. Wenn aber die Fische uns so richtig ins Schwitzen kommen lassen, gewährt uns das Jagdfieber überhaupt gar keine Zeit dazu. Und bei einer guten Trockenfliege ist das zusätzliche Fetten auch nicht nötig.

Entgegen unserer trockenen Goldfliege soll die nasse Märzbraune, wollen wir nicht den halbtrockenen Versuch wagen, möglichst rasch untersinken. Doch haben wir unserer Fliegenschachtel gerade erst ein frischgekauftes Exemplar entnommen, dann verweigert es in den meisten Fällen das Absinken: In Feder- und Körpermaterial haften noch zuviel Luft- und Fettpartikelchen. Bevor Sie die Naßfliege auswerfen, tauchen Sie sie unter Wasser und drücken sie mit den Fingern ein paarmal aus, damit sie den unerwünschten Auftrieb verliert.

Die klassische Märzbraune ist von schlichter Farbe, genau wie ihr Federlieferant, das Rebhuhn, von dem ihr die grau-braunen Hecheln und Schwanzfibern gegeben wurden. Den Körper liefert meist Tierwolle, meist Seehund; mit gelber Seide oder feinem Goddraht gerippt. Gegenüber der Goldfliege hat die Märzbraune mindestens zwei natürliche Vorbilder, wie die Angler-Entomologen uns lehren: einmal in der falschen oder späten Märzbraunen (*Ecdyonurus*) und in der eigentlichen Märzbraunen (*Rhithrogena*). Aber diese Probleme, von Prinzipienreitern manchmal gar zu sehr ausgewalzt, sollten Sie vorerst nicht bekümmern. Und manch ein Meister der Fliegenrute hat sich sein Leben lang keinen Deut darum gekümmert, welches Insekt nun eine Märzbraune oder andere Fliege darstellt, und er hat darum keinen Fisch weniger gefangen. Liebhaberei ist auch hier ein wenig im Spiel.

Fest steht, daß die Märzbraune als Naßfliege eine weit umfassendere Reihe von Insektenlarven imitiert und als solche auch genommen wird. Wie wir bereits erfahren haben, sind die Fische manchmal sehr tolerant im Begutachten künstlerischer Fliegen.

Wie bekommen Sie nun Ihre Märzbraune und Goldfliege? Im Angelfachgeschäft natürlich, daran besteht kein Zweifel. Aber betreten Sie einmal ein Durchschnittsgeschäft bei uns und äußern Sie Ihren Wunsch, spaßeshalber noch auf englisch: „March Brown und Wickham's." Das Gesicht des Verkäufers wird Bände sprechen. Wir sind halt kein Fliegenfischerland.

Schlagen Sie in diesem Fall alle anderen Ihnen vorgelegten Muster aus, besonders die beliebten Fliegensortimente auf Karton, meist nur halbwertiger Ramsch. Wenn Sie sich in den Angeboten eines Angelgeschäftes nicht zurechtfinden, weil Sie sich vorher noch kein Bild vom Aussehen der gewünschten Fliegen an Hand von Katalogen oder einschlägiger Literatur haben machen können, dann wenden Sie sich an die Inserenten unserer Zeitschriften für Fliegenfischen. Hier werden Sie immer genügend Geschäfte und Geräteversandfirmen finden, die von Fachleuten betrieben werden, und die Ihnen die gewünschten Fliegen und Hakengrößen in gediegener Qualität zuschicken werden.

Daß die Hakengröße und somit die Fliegengröße wichtiger ist als die Auswahl, hatten wir schon erwähnt. Und daß Sie mit einer Fliege bestimmter Größe nicht weit kommen werden, wird Sie spätestens die Praxis lehren. Darum bestellen Sie immer gleich fünf Fliegen einer Größe, zehn wären besser. Wenn Sie erst Erfahrung an Ihrem Gewässer gesammelt haben, brauchen Sie die geschmälerten Vorräte nur wieder aufzufüllen.

Die Größen 16 und 18 lassen Sie aus Ihrem Sortiment erst einmal heraus. Ihnen fehlt noch das geübte Auge, solch kleine Objekte als Trockenfliege auf dem Wasser zu erkennen, besonders beim fließenden. Aber auch bei der Naßfliege sind die kleineren vorerst nicht so wichtig. Kaufen Sie sich am besten die Größen 8, 10, 12 und 14 als je fünf Trocken- und Naßfliegen. Das sind als Grundstock Ihrer Sammlung 40 Stück, und sie werden genug Geld kosten.

Künstliche Fliegen sind starkem Verschleiß unterworfen. Unzählige Einwürfe, Aufpraller gegen Hindernisse und zähnestarrende Fischmäuler bereiten ihnen ein kurzes Leben. Das einzige, was wir für die übriggebliebenen Veteranen tun können, ist, daß wir sie am Ende eines Fischertages gut durchtrocknen, damit der Rost nicht im Verborgenen frißt. Und für die lädierten und verklebten Hecheln gibt es ein Allheilmittel: den siedenden Wasserkessel. In seinen Dampfstrahl halten wir die kleine Dulderin mit Hilfe einer Pinzette, und Sie werden staunen, wie blitzschnell sich die Hecheln wieder straffen und aufrichten.

Ich hoffe, daß ich Ihnen in diesem Kapitel die Sorgen um die richtigen Fliegen abnehmen konnte. Und wenn Sie meine Ratschläge befolgen, werden Sie viel Zeit und Geld sparen. Also fischen Sie zunächst nur mit der Märzbraunen und der Goldfliege, dann kommen Sie nicht in Versuchung, in den vorerst nutzlosen Fliegenwechsel zu verfallen. Und falls einmal überhaupt kein Fisch beißen will, so schieben Sie die Schuld nicht auf die angeblich falsche Fliege. Tage ohne Bisse kommen auch an Spitzengewässern erster Ordnung (und Preislage) vor. Es gibt in diesem Sinne keine falsche Fliege, sondern nur den appetitlosen oder mißtrauisch gewordenen Fisch.

Das Vorfach – genauso wichtig wie die Fliege

Ein schlecht geworfenes Vorfach erweckt bei den Fischen mehr Mißtrauen als eine ungeschickt dargebotene Fliege. Das gilt vor allem für die Trockene. Erstes Gebot ist, daß sich das Vorfach auf dem Wasser geradeaus streckt und nicht in Kringeln und Kurven dahintreibend den Fisch vergrämt. Zum Strecken verhilft ihm seine Verjüngung, ähnlich wie bei der Wurfschnur. Mit einem Stück einfacher monofiler Nylonschnur irgendeiner Stärke wäre dies nicht zu erreichen. Die Industrie bietet zwar maschinell verjüngte, knotenlose Vorfächer an, aber auch sie haben ihre Schwächen, auf die ich hier nicht näher eingehen will.

„Selbst ist der Mann", sagt sich der Fliegenfischer und knüpft seine Vorfächer aus verschiedenen Nylonstärken und -längen selber zusammen. Das geschieht in der Regel, daß er von 0,50 mm Schnurstärke auf 0,20 mm oder gar 0,16 mm heruntergeht, an deren „Spitze", bitte merken Sie sich diesen Ausdruck, die Fliege angeknüpft wird. Bei einer Vorfachspitze von 0,16 mm muß der Anhieb äußerst gefühlvoll gesetzt werden, wenn es nicht die Fliege und den Fisch kosten soll. Darum bleiben Sie bitte vorerst bei einer Stärke von 0,20 mm.

Die einzelnen, verschieden starken Schnurteile werden mit dem Blutoder Faßknoten miteinander verbunden (Abb. 13).

Nun kann man nicht einfach irgendwelche Nylonstärken nehmen und munter darauflosknüpfen, sondern man muß sich an bestimmte Maße und Werte halten, die die Fliegenfischer in langen Versuchsreihen ermittelt haben und ihren Sportsfreunden großzügig zur Verfügung stellen. Ein ausgesprochen brauchbares Vorfach ist aus folgenden Stärken und Längen zusammengesetzt: 125 cm 0,50 mm; 15 cm 0,45 mm; 15 cm 0,40 mm; 15 cm 0,35 mm; 15 cm 0,30 mm; 15 cm 0,25 mm und endlich 60 cm 0,20 mm als Spitze, Abb. 14. Das sind zusammengerechnet 2,60 Meter. Sollte Ihre Rute kürzer sein als diese Länge, dann verkürzen Sie die 125 cm 0,50 mm um 20 cm. Aber auch bei starkem Wind, besonders von vorn, empfiehlt es sich, ein kürzeres Vorfach zu wählen. Das Vorfach wird an seinem dicken Ende mit Hilfe des Flaggenstichs mit der Wurfleine verbunden (Abb. 1 Flaggenstichknoten).

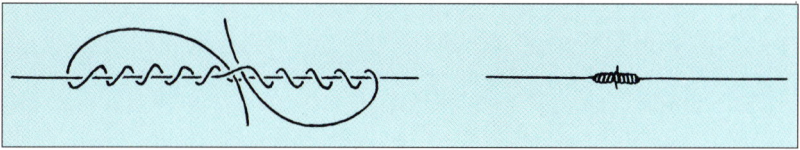

Abb. 13 Blutknoten oder Faßknoten

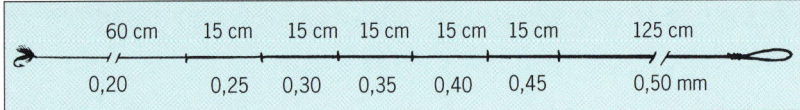

Abb. 14 Das Fliegenvorfach

Sie sehen, wie wichtig es ist, mit einem verjüngten Vorfach zu fischen, und es lohnen sich Zeit und Müh', ein solches herzustellen. Sicher, anfangs ist es eine kniffelige, ungewohnte Arbeit, und der Blood- oder, auf deutsch, Blutknoten, richtiger: Faßknoten, will nicht immer auf Anhieb gelingen, aber beim dritten Vorfach – zwei knüpfen Sie gleich als Reserve mit – geht es Ihnen bestimmt leichter von der Hand. Stutzen Sie die abstehenden Enden der Knoten auf ½ mm.

Wenn Sie jetzt Ihr Werk begutachten, fühlt es sich etwas steif an. Das soll es auch, das unterstützt den Streck-Effekt. Nicht jedes Nylonmaterial ist für die Herstellung eines guten Vorfachs brauchbar, vor allem dasjenige nicht, das uns als besonders tragkräftig angepriesen wird, denn es neigt bei starkem Zug zum Kräuseln. Es dehnt sich gummiartig in den Knoten, und beim nächsten Anhieb löst sich plötzlich die Verbindung. Wählen Sie ein solides Material, das geschmeidig ist und auch bei stärkerer Beanspruchung seine Form beibehält. Früher wurden die Fliegenvorfächer gefettet, damit sie schwammen, heute ist man größtenteils davon abgegangen.

Zum Schluß noch einen Rat: Betrachten Sie einmal nach einer Reihe von Würfen Ihr Vorfach. Bestimmt werden Sie eine Menge kleiner Knötchen, sogenannte Windknoten, darin entdecken. Sie haben mit Wind wenig zu tun und entstehen meistens, wenn die Rute beim Werfen erst geschlagen und dann geschoben wird – ein alter Fehler, in den manchmal sogar noch geübte Werfer, zumal bei starkem Gegenwind, verfallen. Vor allem in den Vorfachspitzen, dem sowieso schwächsten Teil unseres Gerätes, können diese Windknoten beim nächsten Biß und Anhieb die Schnur sprengen. Darum prüfen Sie öfter Ihr Vorfach und erneuern Sie sofort den bedürftigen Teil, der kleine Zeitaufwand lohnt sich immer.

Weiteres Zubehör –
was sein muß und was sein kann

Als Fliegenfischer reist man mit leichtem Gepäck. Notfalls tut's die Rute in der Hand und die Fliegenschachtel in der Tasche. Aber da gibt es noch ein paar Dinge, die man sich zulegen sollte, denn sie erleichtern uns die Pürsch am Wasser oder dienen der Waidgerechtigkeit, ohne uns wesentlich zu belasten.

Da ist z. B. die *Fliegenfischerweste*. Sie ist in vielerlei Ausführungen und Preislagen zu haben. Die Forderung Nr. 1, die wir an sie stellen müssen, ganz unabhängig vom Design, ist, daß sie Taschen, Taschen und nochmals Taschen hat. Taschen für größere Dinge wie Fliegendosen, Brille und Ausweispapiere. Und kleinere Taschen für Schnurspulen, Schere, Hakenlöser usw. Ferner einen Einhängering für Kescher oder Gaff und eine Vorrichtung, in die man bei einem Fliegenwechsel die Rute stecken und festknöpfen kann. So eine Fliegenfischerweste ist etwas ungemein Praktisches. Sie ersetzt uns den Rucksack und läßt uns die benötigten Utensilien, die natürlich immer ihren festen Platz haben müssen, im Handumdrehen finden. Auf einem Kleiderbügel zu Hause, im Auto oder in der Hütte hängt sie mit ihrem Inhalt stets zum Überstreifen bereit und wird schnell zum unentbehrlichen Requisit. Ich habe die meine vor Jahren einmal für einen Spottpreis in einem großen Kaufhaus erstanden, und noch immer, halt ein bissel von Wind und Wetter gebleicht, leistet sie mir treue Dienste.

Einer sehr genauen Überlegung bedarf es, ob Sie sich ein Paar *Watstiefel* oder eine *Wathose* zulegen sollen. Es gibt Gewässer, wo man nur vom Ufer aus fischen kann oder darf; dort genügen solides Schuhwerk oder Gummistiefel. Aber oft kann das Wasser nur watend beangelt werden, und nicht selten liegen die verheißungsvollsten Stellen fernab vom festen Ufer. Watstiefel sehen ja ungemein zünftig aus, und kein markiges Fliegenfischer-Photo ohne sie. Aber Sie sollten darauf verzichten, wenn das Wasser, das Sie bewaten wollen, eine Handbreit höher als Ihre Knie reicht. Denn Sie glauben nicht, wie schnell man sich, besonders in unbekannten Fischgründen, in der Wassertiefe verschätzt. Und ehe Sie, womöglich gegen die scharfe Strömung gestemmt, das Seichte erreichen, sind Ihre Stiefel randvoll.

Wichtig, ja oft lebenswichtig, ist ein gutes Sohlenprofil. Das gilt für Stiefel wie für Wathose. Die Wathose gestattet bedeutend tiefer ins Wasser vorzudringen, und bevor das kühle Naß von oben hereinrinnen kann, warnt uns eine Art Schwerelosigkeit, die von der eingeschlossenen Luft herrührt, vor dem nächsten Schritt. Die Erfahrung läßt es aber erst gar nicht so weit kom-

43

men, es sei denn, er kennt das Gewässer. Dem Neuling, zumal bei starkem Strömungsschub und glattem Grund, reißt es die Beine unterm Leib weg. Und dann wird's ernst!

Darum sollten Sie sich, besonders wenn Sie als Anfänger schnellfließende Gebirgsflüsse mit wechselnden Tiefen und Untiefen bewaten, mit einer aufblasbaren Schwimmweste absichern. Oder schnallen Sie sich einen Leibriemen um, damit das eiskalte, im Nu lähmende Wasser nicht so schnell in die Wathose dringen kann. Und sollte Ihnen einmal solch todernstes Malheur passieren, dann versuchen Sie um Himmels willen nicht, die Hose während der feuchten Reise auszuziehen. Trachten Sie danach, mit den Füßen nach vorn, auf dem Rücken schwimmend, nur so können Sie den Kopf über Wasser halten, die nächste Untiefe oder das Ufer zu erreichen. Und erschöpfen Sie sich nicht, wenn niemand in Rufweite ist, im Hilfeschreien. Das Tosen solcher Flüsse verschluckt jedes andere Geräusch. Übrigens: Treiben Sie Füße voran abwärts und finden die Füße Halt, richtet Sie die Strömung auf.

Sie lächeln vielleicht ein bißchen wegen dieses Aufwandes? Es wird Ihnen vergehen, wenn Sie oberhalb einer brüllenden Klamm plötzlich auf Schmierseife zu stehen glauben oder in gleicher Situation von einem hinterlistig-groben Stück Treibholz einen ermunternden Stoß bekommen. Die Fliegenfischerei in reißenden Gebirgsflüssen ist etwas ungeheuer Faszinierendes, aber sie kann auch von tödlicher Gefahr sein, wenn man sich mit greenhornhafter Unbekümmertheit in die Fluten wagt. Und nicht nur im fließenden Gewässer sollte man auf seine Sicherheit bedacht sein. Auch in Seen mit steil anfallenden Ufern, ich denke da besonders an unsere Talsperren, kann man durch einen unbedachten Schritt den Boden unter den Füßen verlieren. Und in seichten Gewässern mit sumpfigem Grund kann es ebenfalls sehr brenzlig werden. Darum, lieber Anfänger, tasten Sie sich auf unbekanntem Terrain schrittweise, schlurrend voran, denn selbst einen guten Schwimmer kann eiskalte Flut oder das gummierte Gefängnis einer Wathose in äußerste Bedrängnis bringen.

Der *Kescher* gehört zur Stammausrüstung des Fliegenfischers. Er wird vom Handel in vielerlei Ausführungen auf den Markt gebracht. Die Wahl wird uns nicht schwerfallen. Es kommen nur zwei Ausführungen in Betracht. Für die Watfischerei gibt es heute diese kleinen praktischen Handkescher mit Gummizug, die stets griffbereit zur Seite hängen. Um vom Ufer die Beute zu unterfangen, eignen sie sich nicht, es sei denn, man watet ins Wasser. Vom Ufer aus ist der Teleskop-Klappkescher eher am Platz. Aber er soll so konstruiert sein, daß mit einer Druckknopf-Auslösung Stock und Netz in Fangbereitschaft schießen. Er muß sich allein mit der Linken, während die Rechte Rute und Fisch hält, bedienen lassen.

Auch das *Gaff* sollte unser ständiger Begleiter sein, wo überkapitale Fische zu erwarten sind. Das trifft hauptsächlich für die spätere Streamer-Fischerei zu. Seitdem ich einmal einen kapitalen Hecht mit dem Nicker gaffen mußte, verzichte ich lieber auf den Kescher als auf den Landehaken.

Fliegendosen oder *-schachteln* brauchen Sie mindestens zwei: eine für Trocken- und eine für Naßfliegen. Trockenfliegen verwahrt man am besten lose in einzelnen Fächern nach Muster und Hakengröße sortiert. Fliegenschachteln mit Klammern zerquetschen die wertvollen Hecheln und taugen höchstens für die weniger empfindlichen Naßfliegen.

Vorfächer sollten Sie wenigstens zwei Stück als Reserve mitführen. Sie brauchen aber nicht das komplette Vorfach auszurangieren, wenn nur seine Spitze ein paar Windknoten aufweist oder es wegen mehrmaligen Fliegenwechsels zu kurz geworden ist. Erneuern Sie den verbrauchten Teil von einer der *Schnurspulen*, auf denen Sie die geringeren Nylon-Stärken Ihrer Vorfächer bei sich tragen.

Ein unentbehrliches Werkzeug ist die *Schere*, die Sie, an einer leichten Ausziehrolle befestigt, in einer der oberen Taschen Ihrer Joppe unterbringen. Fliegen und Vorfachmaterial soll man abschneiden und nicht abbeißen.

Als *Lösegerät* eignet sich vorzüglich eine Arterienklammer, die Sie in der medizinischen Handlung bekommen. Sie schont Fischmaul und Fliege, wenn der Haken sehr fest sitzt.

Störende Sonnenreflexe beseitigt eine *Polaroid-Sonnenbrille*. Zur Not tut es aber auch eine einfache *Sonnenbrille*. Auf jeden Fall sollte der Angler bei windigem Wetter irgendeine (Schutz-)Brille benutzen, da jetzt nicht einmal der perfekte Werfer imstande ist, die Flugbahn seiner hakenbewehrten Fliegen genau unter Kontrolle zu bringen.

Ein *Messer* trägt jeder waidgerechte Fischersmann an der Hosennaht. Bleibt nur noch eine Kleinigkeit zu erwähen: die *Stecknadel*. Mit ihr durchstechen wir den Lackfilm im Hakenöhr, der dort manchmal noch haftet.

Einholen, Halten und Wiederausspielen der gehaltenen Schnur

Mit den Lehrbüchern über das Fliegenfischen ist es das gleiche wie mit denen über Sex. Sie können dem Anfänger nur erklären, was er „in praxi" zu tun oder zu lassen hat, doch die Feuertaufe der Wirklichkeit muß er eines Tages selber bestehen.

Ich habe Sie so weit präpariert, daß Sie sich mit Ihrer Flugangel getrost ans Wasser trauen können. Ob See, Weiher oder Fluß, das ist egal. Auch was es an Schuppenträgern birgt, ist augenblicklich uninteressant; wir nehmen alles was kommt. Sie fischen mit der Märzbraunen naß und machen sich gleichzeitig mit der Handhabung der Flugschnur vertraut. Ihr monofiles Übungsvorfach haben Sie durch ein verjüngtes ersetzt, und für die Fliege wählen Sie Hakengröße Nr. 10 oder Nr. 12.

Wenn Sie an einem stehenden Gewässer angeln, dann werfen Sie zur Mitte hin. Am Fluß werfen Sie stromab. Suchen Sie sich dafür eine günstige Stelle aus. Am besten wär's, Sie würden ein paar Meter hineinwaten.

Sie haben jetzt, grob erklärt, folgendes zu tun: Sie werfen die Fliege so weit wie möglich hinaus. Dann holen Sie sie wieder langsam heran, bis Sie noch etwa 3 m Flugleine vor der Rutenspitze haben. Jetzt nehmen Sie Fliege und Leine mit einem Rückschwung auf und befördern sie aufs neue hinaus, und so geht's in einem fort. Man verschafft der Naßfliege Bewegung und läßt sie keineswegs im Wasser treiben.

Das ist ein relativ einfaches wie erfolgreiches System, aber Sie haben als Anfänger noch ein paar sehr wichtige Handgriffe dazuzulernen. Und schon höre ich fragen: „Wo soll ich denn die Meter Schnur lassen, die ich eingeholt habe? Werden die etwa auf die Fliegenrolle zurückgespult oder soll ich sie einfach vor meine Füße fallen lassen?"

„Nein", wird derjenige überlegen lächeln, der schon einmal einen Katalog gelesen hat, „die Fliegenschnur wird eingeholt und in Klängen über den linken Zeigefinger gehängt."

Mein lieber Freund, versuchen Sie einmal, mit solchem Lasso in der Linken den Doppelzug auszuführen und die Schnur zu verlängern. Nein, nein, das ist nur etwas für Könner, und leider wird diese wichtige Frage in den meisten Lehrbüchern überhaupt nicht beantwortet. Doch beginnen wir der Reihe nach.

In dem Kapitel „Die Wurfschule" haben Sie in der 7. Übung gelernt, wie man die Schnur verlängert oder ausspielt. Werfen Sie auf diese Weise Ihre Fliege hinaus. Achten Sie gleich von Anfang an auf schulmäßigen Wurfstil, selbst wenn Sie die erste Weite nicht immer befriedigt. Sie haben jetzt mit dem Schießenlassen plus Rutenlänge plus Vorfachlänge die Fliege etwa 15 m hinausbekommen. Das genügt. Der nächste Wurf wird etwas weiter ausfallen und der übernächste noch weiter. Wie man das macht, erkläre ich Ihnen jetzt.

Blättern Sie noch einmal schnell zurück zu Abbildung 5. Dort hält Ihr rechter Zeigefinger die Flugleine unter den Rutengriff gepreßt. Machen Sie jetzt das gleiche und ziehen Sie mit der Linken so viel Schnur von der Rolle, daß eine Schnurschlinge bis zu Ihren Knien durchhängt; ähnlich wie bei Abb. 8. Diese Schnurschlinge von etwa 1,50 m ist zum Schießenlassen für den nächsten Wurf bestimmt. Später mit zunehmender Routine kann es noch mehr sein. Auf diese Art wird die Wurfschnur von Wurf zu Wurf progressiv verlängert, bis die Entfernung erreicht ist, die der Leistungskraft Ihrer Rute entspricht.

Sie haben die Rutenspitze zum Wasser in Richtung Schnur gesenkt, damit wenig durchhängt. Jetzt ergreift Ihre linke Hand die Schnur vor dem rechten Zeigefinger und holt sie über ihn ein. Wie das geschieht, zeigt Ihnen Abbildung 15. Diese Methode heißt „Bündeln", und auf diese Art kann man bei einiger Übung im extremen Fall bis zu 20 m Schnur in der Hand halten. Und sollte unterdessen ein Fisch beißen und davonflüchten, läuft sie einwandfrei aus der Hand, ohne sich zu verheddern.

Das gleiche gilt auch, wenn Sie Ihre Schnur so weit eingeholt haben, daß sie für einen neuen Wurf aufgenommen werden kann. Mit diesem Schnurbündel in der geschlossenen Linken können Sie wie gewohnt den Doppelzug ausführen und stark beschleunigen. Beim jeweiligen Vorschwung öffnen Sie

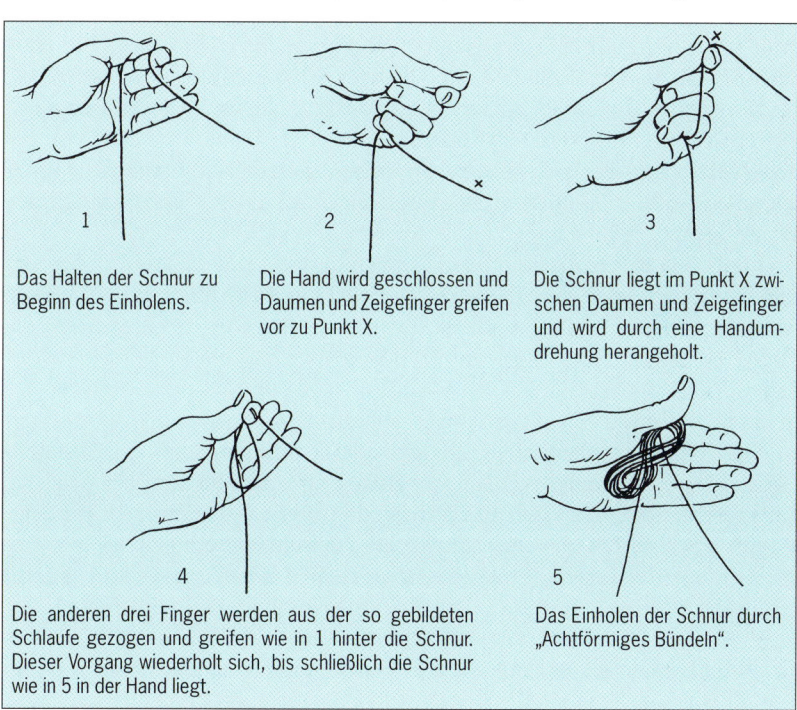

1   Das Halten der Schnur zu Beginn des Einholens.

2   Die Hand wird geschlossen und Daumen und Zeigefinger greifen vor zu Punkt X.

3   Die Schnur liegt im Punkt X zwischen Daumen und Zeigefinger und wird durch eine Handumdrehung herangeholt.

4   Die anderen drei Finger werden aus der so gebildeten Schlaufe gezogen und greifen wie in 1 hinter die Schnur. Dieser Vorgang wiederholt sich, bis schließlich die Schnur wie in 5 in der Hand liegt.

5   Das Einholen der Schnur durch „Achtförmiges Bündeln".

Abb. 15 Das Einholen der Schnur

die Hand etwas und lassen ein paar Meter hervorschießen. Beim letzten Vorschwung fliegt die Schnur mit durch die Ringe, die Sie vorher von der Rolle gezogen haben und die in einer Schlinge vor Ihren Knien hing. Sie haben jetzt 1,50 m mehr Schnur draußen.

Nun klemmt Ihr rechter Zeigefinger wieder die Schnur an den Griff und Sie ziehen eine neue Länge von der Rolle, die beim nächsten Schuß mit hinausgeht. Wenn Sie merken, daß die Schnur, die Sie abgezogen haben, nicht mehr schießen will, dann ist Ihre jetzige Leistungsgrenze, und vielleicht auch die Ihrer Rute, erreicht. Denken Sie daran: Nur Übung macht den Meister.

Die Aufgabe der Fliegenrolle – von Anfängern meist überbewertet

Die Fliegenrolle dient uns hauptsächlich als Schnurspeicher. Für den Drill brauchen wir sie nur bei außergewöhnlich starken Fischen. Nehmen wir einmal an, daß Sie beim Einholen der Schnur, wie ich es Sie im vorausgegangenen Kapitel gelehrt habe, einen Biß bekommen. Ich hatte Ihnen ja empfohlen, die Rutenspitze zu senken, damit nicht zuviel Leine durchhängt und Sie den Anhieb sicher setzen können. Sie haben plötzlich Widerstand gespürt, angeschlagen, der Fisch sitzt. Sie spüren deutlich Leben in Rute und Schnur. Was jetzt tun?

In der linken Hand halten Sie, sagen wir mal, ein Bündel von 7 m Schnur, die Sie bereits eingeholt haben. Wohin damit? Zunächst heben Sie die Rute in einem rechten Winkel zum Fisch an. Versuchen Sie jetzt schon zu „erfühlen", was Sie an der Angel haben, falls der Fisch den Anhieb nicht mit einem Sprung quittiert hat und Sie Bescheid wissen, mit wem Sie es zu tun haben.

Sind Sie sich trotz aller Bemühungen noch im unklaren darüber, dann halten Sie den Fisch einen Augenblick an strammer Schnur. Beginnt er sich jetzt zu wehren und erweist sich als zu stark, dann lassen Sie ihn die gebündelte Schnur aus Ihrer Hand ziehen, die noch immer über Ihren rechten Zeigefinger läuft und der durch gefühlvolle Bremsung gegen den Rutengriff den Drill mitbestimmt, bis die Rolle laut knarrend die weitere Arbeit übernimmt.

Erweist sich umgekehrt der Gegner als schwach, den Sie ohne Mühe heranziehen können, so halten Sie das Schnurbündel fest in der Hand und ziehen die Schnur, die noch draußen ist, über den rechten Zeigefinger ein und halten sie in Klängen zusätzlich in der Linken fest. Das liest sich schwerer, als es in Wirklichkeit ist. Sollten hierbei trotzdem anfängliche Schwierigkeiten auftreten, so lassen Sie einfach den ganzen Schnursalat vor Ihre Füße – oder ins Wasser – fallen und ziehen den Fisch so nahe heran, daß Sie ihn unterfangen und keschern können. Nach geglückter Landung spulen Sie die Schnur auf Ihre Rolle zurück und fischen weiter.

Und hier besitzt die automatische Fliegenrolle einen wesentlichen Vorteil: Sie spult die überflüssige, durchhängende Schnur mittels eines Hebeldruckes im Nu auf die Rolle zurück. Das ist aber schon alles, und wehe, wenn Sie mit solchem Modell einmal an einem mehrpfündigen, tobenden Salmoniden hängen.

Bei Ihrer guten, alten Kurbelfliegenrolle brauchen Sie sich in diesem Falle nur das Fischfieber zu verbeißen und kühlen Kopf behalten. Der Fisch indes hat sich auf gar nichts eingelassen, sondern stürmt in wilder Flucht von dannen, als wollte er das jenseitige Ufer des Sees oder die nächste Flußmündung erreichen. Längst ist das Schnürbündel in Ihrer Hand dahingeschmolzen, und die Rolle hat hörbar ihre Arbeit übernommen.

Greifen Sie mit der linken Hand in die raussausende Leine, und bremsen Sie mit Daumen und Zeigefinger die Davonflüchtende. Eine kapitale Forelle macht sich vor 30 Yards Fluglinie nicht bange, und wenn der Backingknoten durch die Rutenringe klappert, werden Sie heilfroh sein, eine beruhigende Reserve Nachschnur auf der Rolle zu haben. Bei einer automatischen Fliegenrolle, die mit einer Flugschnur der Klasse 7 bestückt ist, wäre die Kapazität in diesem Augenblick verbraucht, und der Fisch wird in der Regel das Vorfach sprengen. Sie mit Ihrer einfachen Fliegenrolle werden zwar etwas schmerzverzerrt das Gesicht verziehen, weil die durch Ihre Finger gleitende monofile Backingschnur ganz schön brennt, aber Sie haben den Fisch noch am Haken.

Und hier liegt der Nachteil einiger Rollen, bei denen die Spule vom Rollenkäfig umgeben ist. Inzwischen aber gibt es schon längst Fliegenrollen der unterschiedlichsten Preisklassen, welche über eine sogenannte „Rim Control" verfügen. Bei ihnen überlappt der Spulenrand den Rollenkäfig. Das hat den unschätzbaren Vorteil, daß man den davonflüchtenden Fisch an dieser Einrichtung abbremsen kann, indem man die Finger oder den Handballen daraufdrückt und so den Bremswiderstand nach bestem Gefühl selbst regulieren kann. Achten Sie also auf diese „Kleinigkeit", wenn Sie sich eine neue Fliegenrolle zulegen!

Fürs erste werden Sie aber solche Fights auf Biegen und Brechen wohl kaum zu bestehen haben; doch Anfänger haben manchmal unverschämtes Glück. Im allgemeinen werden Sie mit Ihrer einfachen Kurbel-Fliegenrolle auskommen, selbst wenn Sie bei einem Drill mal in Aktion treten muß.

Fliegenführung im stehenden und fließenden Gewässer

Bei uns ist die Fliegenfischerei in stehenden Gewässern weit weniger bekannt als in den angelsächsischen oder überseeischen Ländern. Dabei ist sie manchmal erfolgversprechender als in unseren zum Teil sehr verschmutzten Fließgewässern. Neben den zahlreichen Talsperren und ursprünglichen Seen ist in den letzten Jahren eine erhebliche Anzahl von Baggerseen, überfluteten Kiesgruben und dergleichen entstanden, die von Vereinen oder Privatleuten erfolgreich mit Forellen besetzt worden sind. Hier bietet sich das Fischen mit der künstlichen Fliege geradezu an. Sicher, es lohnt sich nur dort, die Flugangel zu schwingen, wo Fischarten vorkommen, die sich für Insektenkost interessieren. Das tut aber der überwiegende Teil, wie wir im übernächsten Kapitel noch sehen werden.

Der Anfänger, der seine Sporen an einem stehenden Gewässer verdienen muß, sei es Tümpel oder See, Talsperre oder Weiher, hat einen leichteren Beginn als sein Sportfreund, der am Fluß zu Hause ist. Er kann sich in Muße der Fliegenführung widmen, denn im fließenden Gewässer spricht die mehr oder weniger starke Strömung ein wichtiges Wort mit.

In stehenden Gewässern gibt es kaum das, was man unter Standplätzen von Fischen versteht. Besonders in großen Seen und Talsperren streunt der Fisch umher. Ist er heute am Bacheinlauf zu finden, wo er eifrig eiablegende Insekten von der Oberfläche schlürft, so kann man ihn morgen am Staudamm suchen, wo er in ein paar Metern Tiefe, in Grundnähe, sich mit Nymphen vollstopft. Das verlangt vom Fliegenfischer Anpassung, birgt aber auch Vorteile in sich: Der Fisch ist den künstlichen Fliegen gegenüber nicht so mißtrauisch.

Beginnen Sie zuerst mit der Naßfliege. Mit ihr in einem stehenden Gewässer zu fischen ist geradezu problemlos. Achten Sie nur darauf, daß hinter Ihnen kein Hindernis die Fliege fangen oder beschädigen kann. Werfen Sie die Fliege aus und holen Sie sie wieder ein, indem Sie die Schnur bündeln. Und verlängern Sie beim Schießenlassen von Wurf zu Wurf.

Sie brauchen nicht unbedingt zur Mitte zu werfen. Waten Sie ein paar Schritte ins Wasser und fischen Sie einmal längs des Ufers. Besonders Döbel haben eine Vorliebe für solche Regionen. Aber auch Barsch und Forelle revieren dort, wenn die Brut in der schützenden Randvegetation umherschwärmt. Wahrscheinlich werden Sie das Gewässer, das Sie jetzt mit der Fliege befischen, bereits als Friedfisch-, Grund- oder Spinnangler kennengelernt haben und wissen, wo die jeweiligen Fischarten anzutreffen sind.

Es ist für den Anfänger, wenn er das erste Mal in einem stehenden Wasser die Fliege führt, etwas Eigenartiges. Er glaubt mit der Fliege keinen Kontakt zu haben, die Schnur fühlt sich plump an. Während sich beim Stromabfischen im Fluß die Schnur sofort spannt, liegt sie hier locker auf der Oberfläche, und es kommen einem Zweifel, ob die Fliege überhaupt arbeitet. Sie tut es! Es gibt nämlich kein stehendes Gewässer in diesem Sinne, weder in Teich noch See. Drift und Umschichtung, manchmal gar nicht wahrnehmbar, sorgen für ständige Bewegung im Wasser. Der Fisch kennt es nicht anders, daß alle tote oder pflanzliche Materie nach bestimmten Gesetzen schwebt, sinkt oder treibt. Tierisches Leben aber, und sei's der winzigste Wasserfloh, strampelt, robbt oder schwänzelt seinen Weg. Diese Kräfte bewirken auch bei ihm noch zusätzliche Ortsveränderungen. Selbst wenn Sie die Fliege an gestreckter Leine scheinbar bewegungslos halten würden, wird diese sich im Strom der Drift anders benehmen als z. B. das leblose Pflanzenteilchen und die Aufmerksamkeit der Fische erregen. Wenn Sie jetzt noch ein klein wenig die Rutenspitze auf- und abwippen, übertragen sich auch diese Bewegungen, so gering sie sein mögen, über Schnur und Vorfach auf die Fliege und somit auf die Hecheln, die sich nun zu schließen und zu öffnen beginnen.

Sie können aber auch sofort nach dem Auswerfen mit dem Einholen beginnen. Das sollten Sie sogar, wenn Sie die genauen Standplätze der Fische nicht kennen und diese erst suchen müssen. Fischen Sie die nahe Umgebung fächerförmig ab und bündeln Sie die Wurfleine etwas ruckartig. Alle 50 cm legen Sie eine Pause von ein paar Sekunden ein, damit die Fliege, die dicht unter der Oberfläche arbeitet, wieder ein bißchen absinkt. Oft wird sie in diesem Moment von den Fischen genommen, die in ihr eine vom Aufstieg erschöpfte und nun zurücksinkende Larve oder Puppe sehen.

Fischen Sie sich auf diese Weise am Wasser entlang. Die Fliege auswerfen und mit den beschriebenen Bewegungen wieder einholen, das ist die ganze Kunst. Und wenn Sie einen Stellungswechsel vornehmen wollen, bei dem es sich nur um ein paar Meter handelt, dann spulen Sie nicht die Wurfleine auf die Rolle zurück, sondern legen den Weg, indem Sie die eingeholte Schnur gebündelt in der Hand und den Rest in der Luft halten, zurück; genau wie Sie es in der „Wurfschule" 3. Übung gelernt haben.

Mit der Naßfliege sucht man hauptsächlich die Fische dort, wo man sie vermutet. Die trockene Fliege wenden wir meist an, wo die Fische dicht unter der Oberfläche schwimmen oder uns Ringe auf dem Wasser verraten, daß sie dort bei der Nahrungsaufnahme sind. „Sie steigen", sagt der Fliegenfischer. Und das macht auch den größten Reiz des Trockenfliegen-Fischens aus: Nämlich den Fisch, den man sieht, anzuschleichen und zu überlisten.

Allerdings stellt das Fischen mit der Trockenfliege in stehenden Gewässern gewisse Anforderungen. Wirft der Angler auf einen steigenden oder hochstehenden Fisch, so muß der erste „Schuß" sitzen, denn ein Abheben und erneutes Anwerfen des Fisches würden zu viel Unruhe stiften. In günstigen Fällen kann man, wenn Wind, Drift und Wellen es gestatten, die Fliege dem Fisch zutreiben lassen, bis dieser sie entdeckt und nimmt. Oder, nehmen wir an, der Wurf mißlänge, so lassen wir die Fliege aus der Nähe des Fisches treiben, bis wir sie, ohne zu stören, wieder aufnehmen und neu servieren können. Der Fisch, besonders wenn es ein schwerer ist, schwimmt in den paar Augenblicken nicht davon, sondern hält sich meistens für einige Zeit in einem engeren Umkreis auf.

Derjenige Fliegenfischer, dessen Sehkraft schon etwas nachgelassen hat, wird gern vernehmen, daß man in stehenden Gewässern die Trockenfliege ruhig ein bis zwei Nummern größer wählen darf als an fließenden. Und wenn Sie abends mit der Goldfliege Nr. 8 fischen, dann ist das fast ein kleiner Rasierpinsel. Der Fisch in stehenden Gewässern mag alles, was groß und buschig ist.

Genau wie mit der Nassen läßt sich mit der Trockenfliege das Wasser auf gut Glück absuchen, eine Notwendigkeit, wenn eine frische Brise die Seeoberfläche aufrauht und kein verdächtiger Flossenschlag oder Schatten zu erspähen ist. Werfen Sie Ihre Fliege an nicht zu langer Leine mal hier- und mal dorthin, denn auch bei bewegtem Wasser steigen die Fische nach Insekten und – der Trockenfliege. Nur entgehen dann die verräterischen Ringe unseren Augen. Schwierig ist jetzt nur, unser Kunstprodukt im ewigen Auf und Ab der Wellen zu erkennen. Da hilft nur, die Spitze unserer Wurfleine im Blick zu behalten und beim ersten Wasserschwall, der vor ihr aufstrudelt, anzuschlagen. Und nicht selten geschieht's, daß sich der Fisch, ehe man reagiert, gegen das Gewicht der Leine von selber anhaut und zu unserem Erstaunen festhängt, ohne daß wir beim Nehmen der Fliege anschlugen.

Und dann gibt es noch eine Methode für Phlegmatiker und Angler, die sich nach der Strapaze stundenlangen Werfens eine Weile ausruhen wollen. Wenn bei windstillem Wetter oder geringer Luftbewegung eine mäßige Drift herrscht, werfen Sie einfach die Fliege aufs Wasser und lassen sie dort liegen. Der Fisch wird bestimmt zu Ihrer Fliege kommen, er stromert ja, wie schon erwähnt, in Seen gern herum. Nur sollten Sie in diesem Fall Ihre Fliege etwas schwimmfähiger machen. Von Silicon-Ölen oder ähnlichem möchte ich beim Fischen in stehenden Gewässern abraten. Das Öl verbreitet, auch wenn die Fliege nachher gut durchgetrocknet wurde, einen Film, vor dem die Fische zurückschrecken. Fliegenfett, auf Daumen und Zeigefingerkuppe verrieben und damit vorsichtig die Hechelspitzen und Schwanzfibern betupft, ist besser.

Beim Werfen vom Ufer nutzen Sie jede mögliche Deckung, damit sich Ihre Gestalt nicht zu sehr vom Hintergrund abhebt, denn unser Fisch steht hier ja nicht mit dem Kopf gegen die Strömung, und man weiß nie so recht, von welcher Seite man ihn gerade angeht. Watstiefel und -hosen bieten den Vorteil, daß sie den Angler, der sich ins Wasser begibt, kleiner machen.

Wenn Sie die Möglichkeit haben, in einem stehenden Gewässer vom Boot aus mit der Fliege zu fischen, dann tun Sie es. Mit einem Boot, günstigenfalls noch mit einem Ruderer bemannt, lassen sich die entlegensten Fischgründe beangeln und auch diejenigen, die vom Ufer aus unerreichbar sind.

Müssen Sie Ihre Ruder (Riemen) selbst bedienen, dann machen Sie sich den Wind, wenn vorhanden, zum Gehilfen und lassen sich von ihm treiben. Hängen Sie einen Treibanker in Luv, das kann schon ein belaubter Ast sein, damit die Abdrift vermindert wird und das Boot sich nicht um die eigene Achse drehen kann. In der Regel wird vom Boot zum Ufer hin gefischt. Ob naß oder trocken, kommt auf die Verhältnisse an und liegt in Ihrem Ermessen. Die nasse Fliege fischen Sie vom Boot ganz aus, das heißt, daß Sie die Flugleine bis unmittelbar vor die Rutenspitze einholen. Oft beißt ein „Nachläufer" im letzten Augenblick.

Gern flüchtet ein gehakter Fisch, besonders die Forelle, unter das Boot und kann uns in arge Verlegenheit bringen. Ein kräftiges Aufstampfen mit dem Fuß auf den Bootsboden scheucht ihn fast immer ins freie Wasser. Ansonsten vermeiden Sie im Boot jedes unnötige Geräusch. Fische besitzen zwar kein Gehör, aber die Schwingungen, die z. B. von einer fallengelassenen Schere entstehen, pflanzen sich weit fort und werden von unserem Schuppenwild mißtrauisch registriert.

Beim Befischen weiträumiger Seen müssen nicht selten große Entfernungen zurückgelegt werden. Nutzen Sie diese Zeit, indem Sie eine Naßfliege an den vollends abgezogenen 30 Yards Flugschnur hinter Ihrem Boot schleppen. Achten Sie darauf, daß der Backing-Knoten vor dem Spitzenring sitzt und bei einem Anbiß nicht in den Ringen blockieren kann. Das Schleppen mit der Fliege, gewiß es ist kein hoher Sport, bringt manchmal die größten Überraschungen und ist gar nicht so unnütz, wie der Laie vielleicht meint. Manch kapitalen Einzelgänger hat die quer über den See gezogene Fliege schon das Leben gekostet. Ich werde auf das Thema „Schleppen mit der Fliege" in dem Streamer-Kapitel noch näher eingehen.

Was einen manchmal zur Verzweiflung bringen kann, sind die an gewissen Tagen häufigen Fehlbisse. Dagegen ist kein Kraut gewachsen, besonders wenn die Fische „kurz" beißen. Meist mit Futter vollgestopft und satt, aber auch mitunter argwöhnisch geworden, nehmen sie die Schwanzfäden unserer Fliegen zaghaft zwischen die Lippen, und beim Anhieb zischt der Haken ins Leere. Und ebenfalls ungefangen bleibt der Fisch, wenn er aus einer ungünstigen Position die Fliege nimmt und diese ihm wieder aus dem Maul geschlagen wird, ohne daß die Hakenspitze fassen kann.

Das gleiche kann Ihnen aber auch im Fluß beim Stromabfischen mit der Naßfliege passieren, denn hierbei steht der Fisch mit dem Kopf zum Angler gerichtet, und wenn er die Fliege direkt von hinten schnappt, wird sie ihm manchmal mit dem Anhieb wieder aus dem Maul gezogen. Trotzdem möchte ich Ihnen im Fließgewässer für die Naßfliege vorerst keine andere Methode als die des Stromabfischens empfehlen. Sie sollen ja erst Vertrauen zu sich und Ihrem Gerät gewinnen, und das können Sie am ehesten, wenn Sie diese relativ einfache und durch keine Schwierigkeiten ablenkende Angelart ausüben. Über die vielen anderen Wurfvarianten und den damit verbundenen Möglichkeiten der Fliegenführung sollen Sie andere Bücher informieren, die ich Ihnen noch nennen werde. An dieser Stelle darüber zu berichten, hieße die Grenzen überschreiten, die diesem Buch vom Titel her gesetzt sind. Der Anfänger würde nur verwirrt werden.

Werfen Sie also im Fließgewässer Ihre Naßfliege wie geschildert stromab und holen Sie die Schnur ruckweise, mit den gleichen Pausen wie im See, wieder ein. Die Rutenspitze braucht hierbei nicht unbedingt auf die heranzockende Fliege zu zeigen, sondern Sie können auch die Fliegenrute in einem rechten Winkel zur Flugleine halten. Das ist günstiger, wenn Sie vom Ufer aus fischen, und falls Sie mit Watstiefeln oder -hose im Wasser stehen, werden die Fische, die eventuell der Fliege folgen, nicht so leicht vergrämt. Im übrigen werden Sie sich im Fluß nicht über zu wenig Bisse zu beklagen haben, denn hier heißt es für den Fisch zupacken, ehe die Strömung den Happen davonwirbelt. Aus diesem Grund ist der Fisch im Fluß meist etwas unbedenklicher als sein Vetter im See.

Beim Fischen mit der Trockenfliege im Fluß wird's schwierig. Hier sind ein erstklassiger Wurfstil und ein sauberes Servieren der Fliege ausschlaggebend für den Erfolg. Sie werden, wenn Sie diese Buchseite lesen, für den hohen Sport des Trockenfliegen-Fischens im Fluß vielleicht noch nicht reif sein. Trotzdem brauchen Sie nicht gänzlich auf diese Freuden zu verzichten. Es gibt da eine etwas einfache Variante, mit der ich Sie vertraut machen möchte.

Bei dieser Methode wird die Trockenfliege ebenfalls stromab gefischt und ein fehlerloses Abtreiben der Fliege garantiert. Denn die Strömungsunterschiede, denen der Flußangler bei Würfen, wie z. B. schrägaufwärts oder -abwärts, nur mit einer ausgefeilten Wurftechnik begegnen kann, zu der ihm erst eine lange Praxis verhilft, werden hierbei umgangen. Diese Strömungsunterschiede zwischen Flußmitte und Uferzonen oder in Rückstaue und Kolken, verursachen das gefürchtete „dragging", oder zu deutsch Furchen der

Fliege. Die Flugleine wird hierbei schneller über das Wasser geschoben als die in ruhigeren Regionen treibende Fliege. Die Folge ist, daß sie mit einer auffälligen Bugwelle über das Wasser schlittert und den Fisch vergrämt.

Werfen Sie die Fliege etwa 10 m von Ihrem Standort stromab. Achten Sie darauf, daß die Fliege leicht wie eine Schneeflocke aufs Wasser fällt. Visieren Sie dazu einen gedachten Punkt 1 m über dem Wasserspiegel an und dosieren Sie den letzten Vorschwung so, daß seine Wucht mit dem Schießenlassen verpufft.

Wenn die Fliege aufgesetzt hat, ziehen Sie im Tempo des Abtreibens weitere 10 m Schnur von der Rolle und lassen diese durch leichtes Heben und Senken der Rutenspitze hinausgleiten. Die Bewegungen, mit richtigem Gefühl ausgeführt, bleiben ohne negative Wirkung auf das perfekte Abtreiben der Fliege. Aber Sie müssen anfangs mindestens 10 m Schnur ausgespielt haben. Die Rute weist bei dieser Methode immer in Richtung Fliege.

Wenn die Fliege eine genügende Strecke zurückgelegt hat, spulen Sie die Leine einfach bis auf einen Rest von 7 m auf die Rolle zurück, nehmen sie auf und trocknen die Fliege mit Luftwürfen bei ziemlich starker Beschleunigung. Dann werfen Sie wieder 10 m Leine hinaus, und das alte Spiel beginnt von vorn. Auf diese Weise können Sie eine beträchtliche Fluß- oder Bachlänge absuchen oder die Fliege auf steigende Fische zutreiben lassen. Und daß diese Angelart für die Watfischerei besonders gut geeignet ist, brauche ich wohl nicht zu betonen.

Jetzt noch etwas über eine Angelart, die man in der Fachsprache „dapping" nennt. Sie kann, an rechtem Ort richtig angewendet, zu verblüffenden Erfolgen führen und ist äußerst einfach. Hier wird mit Hilfe einer Trockenfliege ein auf das Wasser tupfendes oder darüber schwirrendes Insekt vorgetäuscht.

Das eigentliche Dapping wurde auf englischen und irischen Seen mit überlangen Bambusruten betrieben. Mit den dort häufig herrschenden Winden ließ man an einer dünnen Leine eine natürliche Maifliege, die auf einen Haken gesteckt ist, hinauswehen und aufs Wasser tippen. Wir wollen diese Sache nur gelegentlich und etwas eleganter mit auf 1,80 m verkürztem Vorfach und Trockenfliege betreiben.

Abgrundtiefe Kolke mit aufschroffenden Uferwänden, betoneingefaßte Schleusenverliese und schattenspendende Brückengemäuer haben ihren Genius loci oft in Gestalt einer uralten Forelle oder eines gewichtigen Döbels. Aus trüber Erfahrung haben sie sich in diese schlecht einnehmbaren Basteien zurückgezogen, aus deren Schutz sie nur ans Licht tauchen, wenn die Luft rein ist oder das über sie hinwegkarrende Leben erlischt. Dann sehen wir von vorsichtigem Auslug, wie sie, dicht unter der Oberfläche wedelnd, alles Freßbare inspizieren, für einen guten Fliegenwurf unerreichbar.

Gestattet es die Örtlichkeit, von hoher unverdächtiger Warte klappt das manchmal vortrefflich, schieben wir die Rutenspitze mit vorher bemessener Schnurlänge von hinten über jene Einsiedler und lassen die Fliege, vom Winde vielleicht begünstigt, vor ihrer Nase tanzen. Es liegt ein ungeheurer Reiz darin, die erwachende Gier in ihren Augen zu sehen und zu beobachten, wie sie sich freßlüstern der Fliege nähern. Da klappt das Maul auf und die Fliege verschwindet zwischen den weißen Lippenwülsten. Anhieb, nicht zu stark gesetzt, eher ein gefühlvolles Anheben der Rute, und der Fisch hängt am tödlichen Eisen. So ist schon manch kapitaler Brückengeist auf die Schuppen gelegt und sind ganze Döbel- und Forellen-Hierarchien aufgetrieben worden. Und fast immer ist die Landung, meistens wegen der ungünstigen Uferbeschaffenheit, das größte Problem eines solchen Unternehmens.

Das Dapping hilft aber auch dort, wo stein- und geäststarrendes Gelände keinen ordentlichen Rück- und Vorschwung zuläßt, im Schatten überhängender Uferweiden z. B. oder von unterspülten Uferborden herab. Es soll aber nur ein Kompromiß sein und bleiben. Wie man Hindernissen sportgerecht aus dem Wege geht, zeigt das nun folgende Kapitel.

Ein paar Hinderniswürfe

Es wären todlangweilige Ufer, weder von Baum noch Strauch gesäumt, ohne Klippe und Fels, die uns an jedem Fußbreit See oder Fluß einen exakten schulmäßigen Fliegenwurf ausführen ließen. Trotzdem stößt man einen saftigen Fluch aus, wenn in blindem Eifer ein tückischer Ast im Hintergrund übersehen wurde und sich Fliege und Vorfach bombenfest ans Gezweig fesseln. Wenn hinter Ihnen Bäume und Büsche die Fliege zu fangen drohen, achten Sie darauf, daß Sie eventuell eine Schneise finden, durch die Sie die Leine beim Rückschwung führen können. Und sollte sich die Lücke einmal als zu schmal für Ihr Selbstvertrauen erweisen, dann stellen Sie sich mit dem Rücken zum Fischwasser und werfen, das Gesicht zur kritischen Stelle gerichtet, in die Lücke hinein. Wenn Sie genug Schnur draußen haben, lassen Sie sie mit dem letzten Rückschwung zum Wasser hin schießen. Das ist anfänglich eine ungewohnte und ungewöhnliche Übung, aber sie hilft am besten solche Schwierigkeiten überwinden.

Doch oft sind die Hindernisse nicht so hoch, und wir können die Fliege mit einem eleganten Trick über sie hinwegbewegen. Das geschieht, indem wir die Gerade (noch einmal Abb. 4) verändern. Nehmen wir an, hinter Ihnen stände ein mannshohes Hindernis. In diesem Fall müssen Sie die Gerade nach vorn abkippen, indem Sie die Rute beim Vorschwung nach vorn unten schieben und beim Rückschwung nach hinten oben. Ebenso müssen Sie den Bewegungswinkel nach vorn verlegen, also beim Rückschwung vorn tiefer ansetzen und hinten höher abstoppen. Dadurch steigt die Flugschnur nach hinten stark an und fliegt über das Hindernis hinweg. Da Sie den Fliegenwurf ja bereits beherrschen, bedeutet die Veränderung der Geraden für Sie keine große Schwierigkeit.

Umgekehrt machen Sie es, wenn sich hinter Ihnen ein Hindernis in Form eines gähnenden Brückenbogens oder vornüber neigenden Felsens aufbaut, durch deren Gewölbe Sie beim Rückschwung die Fliege sausen lassen müssen. Jetzt kippen Sie die Gerade einfach nach hinten ab. Bemühen Sie sich, bei solchen Würfen einen möglichst engen Schlagwinkel auszuführen, damit eine enge Schnurschlaufe gelingt, deren Vorteile sich von selbst verstehen.

Es gibt aber auch Uferpartien, die überhaupt keinen Rückschwung zulassen, hier kann nur der Rollwurf weiterhelfen. Ziehen Sie dazu etwa 5 bis 6 m Schnur aus dem Spitzenring und heben Sie die Rute, in der 1-Uhr-Stellung, in Höhe Ihrer Schulter (Abb. 16, 1). Dabei muß die bekannte Schnurschlinge, zum Verlängern beim folgenden Wurf, schon von der Rolle gezogen sein. Schieben Sie jetzt, wie gewohnt, die Rute nach vorn, Figur 2, und schlagen Sie sie kräftig in die 10-Uhr-Stellung, Figur 3, wobei die Linke durch schar-

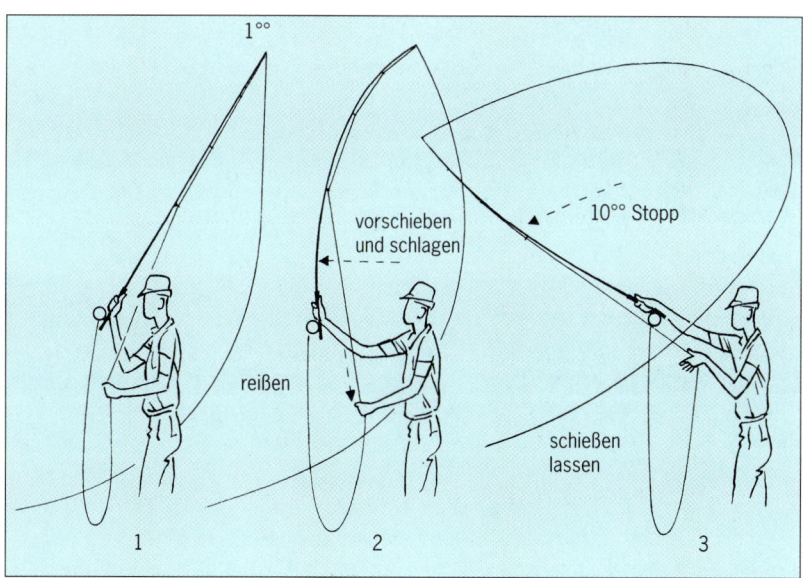

Abb. 16 Der Rollwurf

fen Zug die Beschleunigung unterstützt und beim 10-Uhr-Stopp die abgezogene Schnur freigibt. Wenn der Schnurbogen sich nach vorn ausgerollt hat, ziehen Sie eine weitere Länge von der Rolle, die beim nächsten Vorschwung mit hinausgeht. Werfen Sie so weiter, bis Sie eine genügende Menge Schnur draußen haben. Bei einiger Übung des Rollwurfes können das über 12 m sein. Geben Sie darauf acht, daß der Schnurbauch, wenn Sie die Schnur für den nächsten Wurf auf sich zuziehen, bis hinter Ihrem Rücken durchhängt, Figur 1, sonst gelingt keine ordentliche Schnurrolle.

Oft finden wir die Fische im Schutz überhängender Bäume und Sträucher, wo sie Zuflucht vor Glast und Sonne gesucht haben. Ein Überkopfwurf mit senkrecht geführter Rute scheidet hier aus. Nur der Seitenwurf ermöglicht es, die Fliege unter das Blätterdach zu plazieren. Dieser Wurf ist weiter nicht schwer. Verlegen Sie die Senkrechte einfach in die Waagerechte. Rutenführung und Pausen bleiben die gleichen wie beim Überkopfwurf; nur läßt der Seitenwurf keine allzu großen Weiten zu.

Eine leichte Brise, zumal an einem stehenden Gewässer, ist dem Fliegenfischer immer recht, rauht sie doch die Wasseroberfläche auf und läßt Fliege und Vorfach in einem günstigeren Licht erscheinen. Problematischer wird's, wenn das Lüftchen sich zu einem derben Wind mausert, der schlimmstenfalls

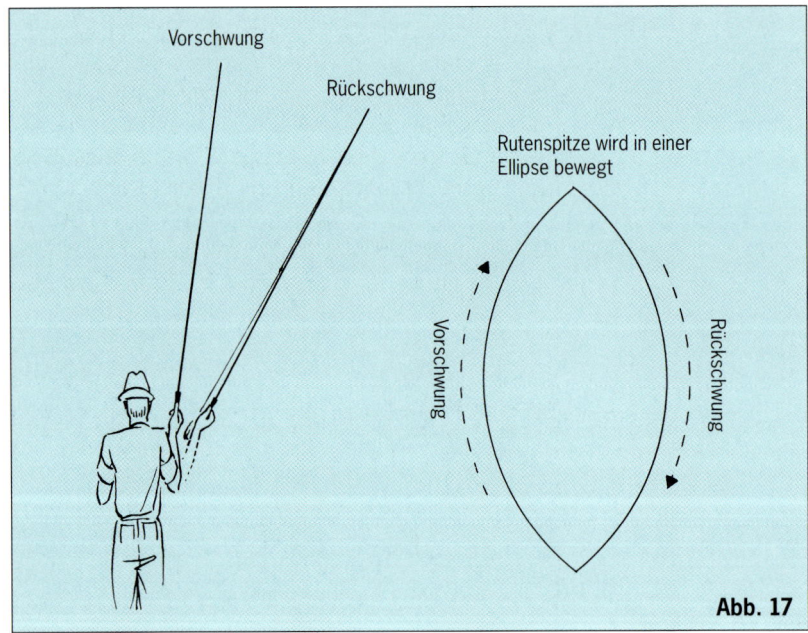

Abb. 17

von rechts bläst und Fliege und Leine gegen die Rute drückt. Bei kurzen Distanzen können wir uns mit einem Seitenwurf behelfen. Hierbei bietet die Leine, flach über dem Wasser geschwungen, Wind und Böen den wenigsten Widerstand. Aber an großräumigen Seen müssen wir meist weit hinaus und können uns mit geringen Weiten nicht zufriedengeben. Schwingen Sie, wenn infolge widriger Winde Fliege und Rute kollidieren, die Rutenspitze in Form einer Ellipse, Abb. 17. Beim Rückschwung führen Sie die Rute, je nach Windstärke, etwas mehr oder weniger seitlich an sich vorbei, damit die Fliege Sie nicht im Gesicht verletzt. Der Vorschwung wird wieder nahezu in der Senkrechten ausgeführt.

Welche Fische kann ich jetzt fangen?

Bach- und Regenbogenforelle

Wer denkt nicht an Forellen, wenn er vom Fliegenfischen hört? Haben sie doch die auffälligste Schwäche für Insektenkost. Ihnen gebührt die künstliche Fliege wo immer es möglich, vor Made, Regenwurm und dergleichen.

Unsere markanteste Vertreterin der großen Salmoniden-Familie ist wohl die Bachforelle (Abb. 18), die wir im nahrungsarmen Gletscherbach als kümmernde „Steinforelle" ebenso finden wie im munteren Wiesenbach, wo sie bei ausreichendem Nahrungsangebot zu beachtlichen Exemplaren heranwachsen kann. Die kapitalsten Stücke aber beherbergen die Gebirgsflüsse und -seen sowie Talsperren, Staubecken und ähnliches. Doch öfter bereiten sie uns auch in Gewässern, wo man sie nicht vermutet, angenehme Überraschungen. Dann handelt es sich meistens um Auszügler aus kleineren Gewässern, denen dort der Lebensraum zu eng geworden ist. Normalerweise

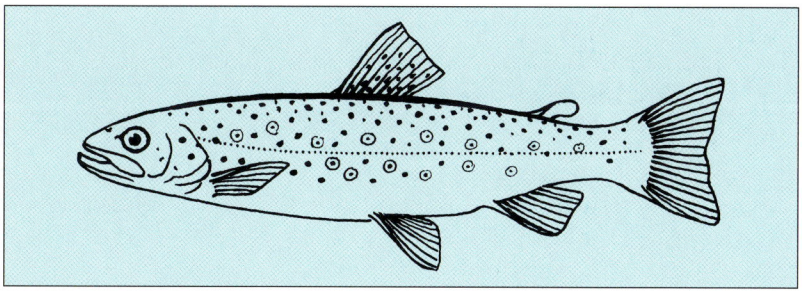

Abb. 18 Bachforelle

ist die Bachforelle ein Standfisch erster Güte, sofern sie in Fließgewässern zu Hause ist.

Mit Zeit und Übung bekommt man ein Auge für die bevorzugten Stand-plätze unserer „Buntgetupften". Guter Standplatz heißt guter Futterplatz. Dazu gehören Ein- und Ausläufe von Kolken, Wirbel an Buhnenköpfen, überhängendes Gezweig, unterhöhlte Ufer, Felsbrocken, Wehre und Rollen usw. Nur ausgesprochen trockene Sommertage mit niedrigem Wasserstand können die Forelle zum Abwandern in tiefere Stellen veranlassen. Bei Hoch-wasser wechseln sie aus der starken Strömung in die ruhigeren Rückläufe oder drücken sich ans Ufer.

Der Fliegenfischer am fließenden Gewässer muß sich für die Freßzeiten der Forellen interessieren, die nach Lage und Jahreszeit sehr verschieden sein können. Im allgemeinen gelten jedoch folgende Regeln: Der Morgen und der Abend sind immer vielversprechend. Der lichte, sonnendurchflutete Mit-tag bringt nur im Frühjahr gute Beute. Dagegen läßt sich bei bezogenem Him-mel, feinwarmem Landregen oder Wolkenschatten mit warmem Wind auch über einen ganzen Sommertag etwas anfangen. Und manchmal beginnt plötzlich, wie aus heiterem Himmel, das Wasser zu kochen und zo brodeln. Ring neben Ring entsteht, und man hört deutlich die Fischmäuler schmatzen. Außergewöhnlich reges Schlüpfen von Insekten kann für solche Sternstun-den verantwortlich sein, in denen der Fliegenfischer für kurze Zeit König ist.

Abgesehen von der Standplatztreue gelten, was den Fang angeht, für die Regenbogenforelle (Abb. 19) die gleichen Werte wie bei der Bachforelle. Kein anderer Fisch ist mit gleichem Erfolg von einem auf den anderen Kon-tinent angesiedelt worden wie diese schöne Amerikanerin. Aber das Wort ansiedeln ist hier wohl nicht der richtige Ausdruck, denn ansiedeln heißt seßhaft geworden sein, und das ist die Regenbogenforelle wahrhaftig nicht. Sie läßt keine Gelegenheit verstreichen, sich aus Gewässern, in die sie aus-gesetzt worden ist, auf dem schnellsten Wege zu verdrücken, soweit sie nur

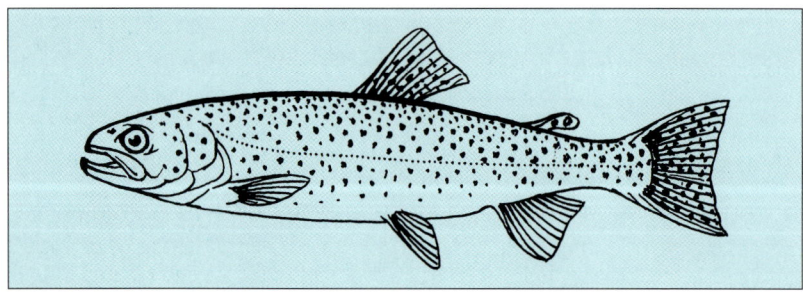

Abb. 19 Regenbogenforelle

eine Möglichkeit dazu findet. Und das geht in der Regel stromabwärts vor sich. Das kommt denen zugute, die da nicht gesät haben. Hat irgendein Verein oder Privatmann eine Flußstrecke oberhalb mit diesen Zigeunern besetzt, dann feiert man ein paar Kilometer unterhalb Feste, denn unter Garantie haben sich in kurzer Zeit einige Rudel vom Schwarm gelöst und bieten den überraschten Sportfischern ungeahnte Abwechslung. Was jetzt von den Treulosen überlebt, wandert weiter und wächst zu einer soliden Raubforelle heran, die eines Tages den ahnungslosen Fliegenfischer an seiner gemächlichen Döbelstrecke aus dem Häuschen bringen kann.

Der Anfänger wird auch an einem reinen Salmoniden-Gewässer, in dem Bach- und Regenbogenforelle nebeneinander leben, nicht ohne Erfolg bleiben, wenn er die Naßfliege stromabwärts fischt, wie ich es beschrieben habe. Er muß nur darauf achten, daß er von den Fischen, die ja im glasklaren Wasser mit dem Kopf zu ihm gerichtet stehen, nicht erspäht wird. Ein deckender Hintergrund oder eine Watgarnitur helfen dabei. Die Naßfliege wird längs der ausgemachten oder vermuteten Standplätze gezogen und beim ersten Widerstand sofort angeschlagen. Die Forelle beißt ungemein hart und heftig. Beim Naßfischen in Salmoniden-Strecken braucht man den Fisch nicht unbedingt gesehen zu haben. Häufig steht er an den Grund gedrückt, unter Gestein verborgen oder hinter Hindernissen versteckt, mit seiner Umgebung völlig verschmelzend. Blitzschnell steigt er nach dem vermeintlichen Leckerbissen; das können von eines Kolkes Grund mehrere Meter sein. Es lohnt sich also, ein Fließgewässer mit der Naßfliege systematisch abzusuchen und keine fangverdächtige Stelle auszulassen.

Mit der Trockenfliege fischen Sie hauptsächlich auf steigende Forellen, jene Fische, die dabei sind, Insektenkost zu schlürfen. Ringe, die so auf der Wasseroberfläche entstehen und zerrinnen, verraten uns die tafelnden Salmoniden. Lassen Sie, aus genügender Distanz, Ihre Trockenfliege etwa 2 bis 3 m vor dem Fisch aufsetzen und sie, wie bereits in der „Fliegenführung" beschrieben, mit der Strömung abwärts auf den Standplatz zutreiben. Ist der ausgemachte Punkt erreicht, wird das Wasser plötzlich aufstrudeln und die Fliege mit einem Happs genommen sein. Der Anhieb erfolgt im selben Augenblick.

Aber nicht allein auf steigende Fische findet die Trockenfliege Verwendung. Gerade Salmoniden lassen sich oft aus sicherem Unterschlupf oder vom tarnenden Flußgrund damit heraufkitzeln. Und wenn Ihnen einmal die Naßfliege den gewünschten Erfolgt versagt, dann suchen Sie doch mit der Trockenfliege das Gewässer ab! Die Krone des Fliegenfischens aber bleibt immer das Angeln auf den Fisch, den man vorher ausgesucht und endlich überlistet hat.

Beim Fliegenfischen auf Bach- und Regenbogenforellen in stehenden Gewässern ist vieles anders. Angelt man nicht gerade in kleineren Teichen, Baggerseen, überfluteten Steinbrüchen etc., die von Sportfischern überwiegend oder ausschließlich mit Forellen besetzt und so zu einem Salmonidengewässer geworden sind, wird die Begegnung mit beiden Arten mehr oder weniger ein Zufall sein. Die ältere Bach- und Regenbogenforelle wird in tiefen, weiträumigen Seen bald zu einem lichtscheuen Einzelgänger, der nur in seinen schwachen Stunden tagsüber in den oberen Regionen aufkreuzt.

Abends aber, wenn die Sonne ihr letztes Licht über den See streut, rüttelt uns das weithallende Platschen ihrer meterhohen Sprünge auf. Unser umherirrender Blick bleibt plötzlich an einem armlangen Fischleib hängen, der für Sekundenbruchteile in der Luft zu stehen scheint, ehe er in einen Schaumtrichter zurückklatscht. Nur ein paar Sekunden später, 50, 100 m entfernt von der alten Stelle das gleiche Schauspiel. Im Schattenriß oder im letzten Sonnenstrahl aufblitzend derselbe muskulöse Fischkörper, der sich über den Seespiegel schleudert und in einer Fontäne zurückfällt. Man ahnt erschaudernd die Geschwindigkeit, mit der die Entfernungen von Sprung zu Sprung zurückgelegt werden.

Von Standplatztreue einer kapitalen See-Regenbogen- oder See-Bachforelle kann keine Rede sein. Den Tag verdämmert sie tief am Grund, im Schutze einer Klippe, und abends jagt sie, bis weit in die Nacht hinein, wie ein gieriger Wolf in allen Höhen- und Tiefenregionen des Gewässers. Fährt hier unter die Fischbrut, seiht dort die abgestorbenen Insekten von der Oberfläche. Nascht während ihrer schnellen Reise ein paar aufsteigende Nymphen und verleibt sich nebenher zufällig sogar eine Zigarettenkippe ein. Und gibt zwischendurch, aus purer Lebensfreude, einen Salto zum besten. Abendrot, Tagesscheide, erster Sternenglimmer, das bedeutet ihr Aufbruch zur Jagd. Dem Fliegenfischer, dem sie plötzliche die Leine von der Rolle reißt, verlangt sie das Letzte ab.

Großforellen packen also auch Fliegen, ob naß oder trocken. Eine Fliege, von einer Kapitalen genommen zu werden, hat die gleiche Chance wie ein Blinker oder animalischer Köder. Von den gebräuchlichen Fliegen hat in stehenden Gewässern die nasse zweifelsohne die größten Möglichkeiten, und zwar deshalb, weil sich damit größere Flächen absuchen lassen. Die Trockenfliege läßt sich dann anwenden, wenn die Forellen offensichtlich Oberflächennahrung nehmen und danach steigen. Die möglichst weit ausgeworfene Naßfliege, ruckweise, wie beschrieben, wieder eingeholt, wird aber immer die größte Aussicht auf Erfolg haben.

Es brauchen aber nicht immer Große zu sein. Vorzüglich in kleineren, dazu hergerichteten Gewässern bieten die Pfündigen hervorragenden Sport an der feinnervigen Fliegenrute. Und wenn beim sogenannten Abendsprung auf dem Wasserspiegel Ring an Ring entsteht, dann kann sogar die ausgeworfene Trockenfliege wahre Wunder vollbringen. Sie wird in die Nähe der entstehenden Ringe plaziert und danach gut im Auge behalten. Sobald sie in einem Strudel verschwindet wird angeschlagen. Auch die kleineren Forellen-Kaliber kämpfen in einem stehenden Gewässer hart und ausdauernd.

Meerforelle

In den letzten Jahren ist an den Ostseeküsten ein ganz besonderer Fisch in den Mittelpunkt fliegenfischereilichen Interesses gerückt: die Meerforelle (s. Abb. 20). Sie ist ein Fisch, der im Sommer die Weiten und Tiefen der See durchstreift, der im Winterhalbjahr aber, je nach Lust und Laune, auch unmittelbar unter Land zu finden ist. Die beste Zeit jedoch, es auf ihn mit der Fliege zu versuchen, ist das Frühjahr.

Auf die Meerforelle wird seltener mit der normalen Fliege als mit den größeren Streamern gefischt. Das verlangt ein stärkeres Gerät, über das in einem späteren Kapitel noch zu reden sein wird. Weite Würfe sind hierbei nicht immer erforderlich, denn abends jagt die Meerforelle oft in den Flachwasserzonen in unmittelbarer Landnähe. Sollte sie jedoch weiter draußen „stehen", was meist tagsüber der Fall sein kann, greift nicht nur der Anfänger zu Spinnrute und Wasserkugel, um den Streamer weit genug hinauszubringen. Auch über diese Technik wird in diesem Buch noch berichtet werden.

Meerforellenfischen, egal mit welchem Köder, ist immer ein Geduldsspiel. Ist sie da, nimmt sie meistens alles, was sich bewegt; auch unseren mehr oder weniger farbenfrohen Streamer. – Natürlich lassen sich Meerforellen

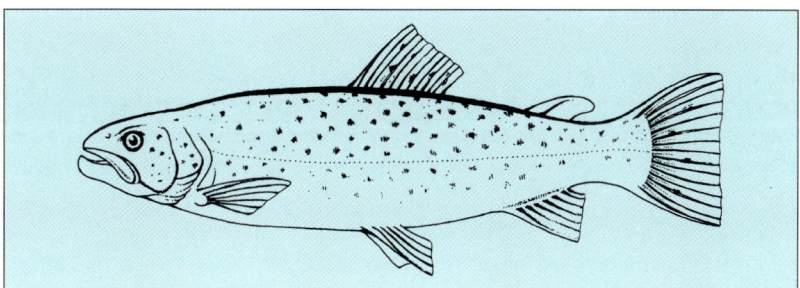

Abb. 20 Meerforelle

auch vom Ufer fangen. Die besseren Chancen jedoch hat man mit der warm haltenden Neoprenwathose im brusttiefen Wasser. Mit der entsprechenden Fleece-Unterwäsche und einer dichten Regenjacke ist man auch gegen das unwirtlichste Wetter gefeit, bei dem unsere Fische meist besser beißen als bei Sonnenschein. Nur sollte der Fliegenfischer darauf bedacht sein, daß er den Wind möglichst im Rücken hat. Dann nämlich klappt jeder Wurf, sei es mit Fliegen- oder Spinnrute, wie geschmiert. Von der Technik her ähnelt die Fischerei auf Meerforellen der Fischerei in Seen und Talsperren. Allerdings werden hierbei fast nur schwimmende Leinen eingesetzt.

Äsche

Das Hohelied des Äschenangelns mit der künstlichen Fliege klingt durch das Schrifttum der berühmtesten Fischer. Die Äsche: die Feine, die Schwierige, die Sensible und wie sie sonst noch vor Begeisterung und Bewunderung genannt werden mag. Für den Anfänger ist sie eigentlich kein leichter Fisch, doch das sollte ihn nicht von einem Versuch abhalten.

Die Äsche ist kein Einzelgängertyp und steht selbst als altes, kapitales Exemplar mit ihresgleichen beieinander. Sie ist in der sogenannten Äschenregion zu Hause und verlangt sauberes Wasser. Das macht sie heutzutage so selten. Die Äsche hat andere Freßgewohnheiten als die Forelle. Sie ernährt sich hauptsächlich von Insekten in allen möglichen Stadien, was eine rege Aktivität verlangt, denn ein Mückenmenü hält nicht lange vor.

Die Äsche steht immer am Grund und steigt jedesmal auf, wenn sie etwas Freßbares sieht. Das kann sie in alle Wasserschichten bis hinauf zur Oberfläche führen. Danach schwimmt sie immer wieder zu ihrem Ausgangspunkt am Grund zurück. Dies ist ein Faktor, dem beim Fliegenfischen auf Äschen Rechnung getragen werden muß. Entdeckt nämlich unser Fisch, sagen wir

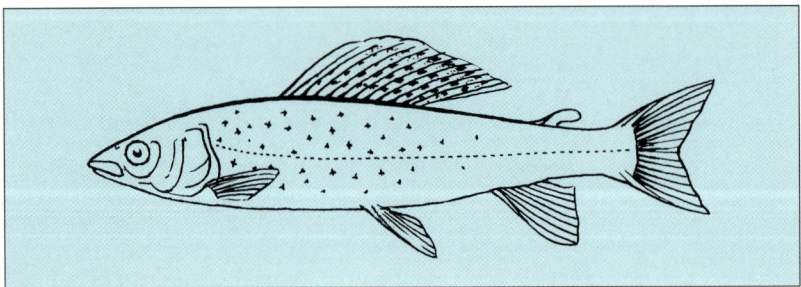

Abb. 21 Die Äsche

mal, aus zwei Metern Tiefe etwas Interessantes auf der Oberfläche dahintreibend, beginnt er steil, den Kopf nach oben gerichtet, aufzusteigen und läßt sich gleichzeitig mit der Strömung rückwärts abtreiben. Was der Fliegenfischer also beim Servieren der Fliege einkalkulieren muß, ist die Entfernung, die der Fisch von seinem Ausgangspunkt am Grund bis zum Augenblick der Nahrungsaufnahme zurücklegt. Der Punkt, an dem die Äsche das natürliche oder künstliche Insekt erreicht, liegt um so weiter von ihrem Standplatz entfernt, je tiefer das Wasser ist. Ihre zweite Eigenart ist, daß sie selten mehr als 1 m nach links oder rechts abweicht und Futter, das seitlich darüber hinaus an ihr vorbeitreibt, nicht zur Kenntnis genommen wird.

Die Äsche schätzt Standplätze, wo sie geschützt hinter Felsen und Steinen stehen kann. Sie hält sich überhaupt mit Vorliebe unter den Schaumfahnen auf, die durch die Brechung des Strömungsdruckes entstehen. Häufig finden wir gute Äschenstellen in den ufernahen Ruhigwasserzonen, hinter Buhnen, in kleineren Buchten und wo flacher Grund ins Tiefe abfällt oder auf sogenannten Äschenbänken. Hochwasser, gar vom Regen getrübt, ist ungünstig für die Äschenfischerei, Niedrigwasser dagegen, besonders im Sommer, Herbst und Winter, läßt die Chancen steigen.

Den besten Erfolg auf Äschen verspricht die Trockenfliege, auch für den Anfänger. Unser Fisch hat ein kleines, leicht unterständiges Maul, daher empfehlen sich kleinere Fliegen von selber. Über die Hakengröße 14 sollte man nie hinausgehen. Als Handikap mag man empfinden, daß solch winzige Fliegen schlecht auszumachen sind, und selbst Anglern mit gutem Sehvermögen bereitet es Schwierigkeiten, die Bahn des kleinen Köders zu verfolgen. Aber man braucht die Fliege ja nicht unbedingt zu sehen. Es genügt, wenn Sie sich auf den Punkt konzentrieren, der eine Vorfachlänge (2,60 m) vor der Spitze Ihrer weißen Fliegenschnur liegt. Sie fischen ja, wie beschrieben, die Trockenfliege stromab, und hierbei ist die Beobachtung besonders einfach.

Wenn Sie einen Fisch beim Steigen beobachtet haben und ihm die Fliege servieren wollen, wäre es nutzlos, auf den Ring zu werfen, der bei der Nahrungsaufnahme verursacht worden ist. Der Fisch ist ja wieder zu seinem

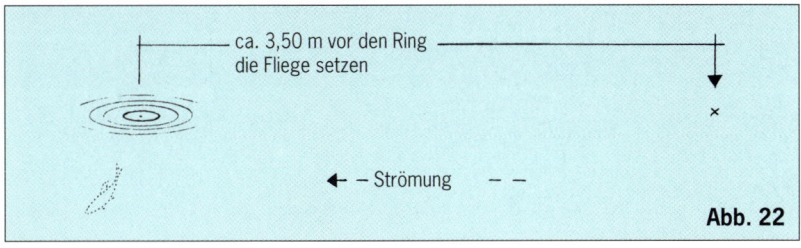

Abb. 22

Standplatz stromauf zurückgekehrt und würde die Fliege gar nicht mehr zu Gesicht bekommen, weil sie ein paar Meter hinter ihm aufs Wasser setzte. Gehen wir davon aus, daß die Äsche in 1,50 m Tiefe am Grund steht. In diesem Fall würde sie die herantreibende Fliege entdecken, wenn diese sich ihr bis auf 2 m genähert hat. Sie entschließt sich zum Steigen, wenn diese genau über ihr ist. Der Fisch erreicht die Fliege aber erst (bei durchschnittlichen Strömungsverhältnissen) 1,50 bis 2 m unterhalb. Also müssen Sie Ihre Fliege mindestens 3,50 m vor den Punkt plazieren, an dem Sie den Fisch haben steigen sehen. Je nach veränderter Wassertiefe muß die Fliege früher oder später aufsetzen.

Die Äsche ist beim Nehmen der Fliege etwas pingelig, besonders dort, wo sie reichlich Futter vorfindet und stark befischt wird. Sie ist aber, im Gegensatz zur Forelle, öfter zum Steigen zu bringen und erst dann so richtig vergrämt, wenn sie bei einem verpatzten Anhieb den Haken gespürt hat.

Wenn Sie also eine Äsche nach Ihrer Fliege zwar steigen, aber dann verächtlich wieder abtauchen sehen, brauchen Sie die Sache längst nicht verlorenzugeben. Wagen Sie einen zweiten oder dritten Versuch, denn manchmal hat die Äsche die Fliege nur verpaßt. Hilft dies alles nichts, wählen Sie eine andere Hakengröße. Und wenn's jetzt immer noch nicht klappen will, dann wechseln Sie den Fliegentyp. Im nächsten Kapitel werden Sie Entsprechendes finden. Die Äsche ist wohl der Fisch, bei dem ein einziger Fliegentyp indiskutabel wäre; dafür ist sie zu sensibel. Deshalb wird sie auch nur selten an der gezogenen Naßfliege gefangen, denn das erfolgreiche Naßfliegenfischen auf Äschen bedarf einer noch ausgefeilteren Technik als der des Trockenfliegenfischens, über die ein Anfänger nicht verfügen kann. Unsere Äschen sind sanfte, empfindliche Wesen. Löst man sie vom Haken, um ihnen die Freiheit wiederzugeben, sollte man sie nicht einfach ins Wasser zurücksetzen, sondern sie ein paar Sekunden (oder auch Minuten) mit dem Kopf gegen die Strömung halten, bis sie sich vom Drill erholt haben und sie sich aus eigener Kraft aus unserer Hand zu lösen vermögen. Erst jetzt haben wir die Gewähr, daß unsere Fische nicht benommen flußabwärts treiben, sondern allesamt wohlbehalten zum Grund zurückschwimmen.

Die Äsche laicht im März/April (Mai) und ist erst im Juni wieder in Form. Ihre Hauptfangzeit beginnt aber im September und erstreckt sich bis in den Winter hinein; das bedeutet für den Fliegenfischer eine Verlängerung der Salmonidensaison.

See- und Bachsaibling

Es wäre vermessen zu behaupten, der Seesaibling sei ein ausgesprochener Fisch für die Fliegenrute. Dafür wohnt er zu tief im Souterrain kalter Seen. Aber jeder versierte Seeangler wird schon Stunden erlebt haben, wo plötzlich über den Saiblingsplätzen Ring neben Ring entstand und am schnell hingeworfenen Forellenlöffel einer dieser wunderschönen Fische hing. Der Seesaibling, in Nordskandinavien passiert das noch häufiger, verspürt nach Salmonidenart manchmal einen ausgesprochenen Heißhunger auf Oberflächennahrung. Der See-Fliegenfischer kann in solchen Stunden vom Boot aus dutzendweise Saiblinge auf die Fliege fangen. Ob die Nasse oder Trockene mehr Gnade findet, kommt auf einen Versuch an. Meist bringen aber beide den gewünschten Erfolg, denn der Seesaibling ist als Grundfisch weniger wählerisch und voreingenommen. In unseren Breiten kommen leider solche Sternstunden eines Saiblingsaufstiegs weniger häufig vor.

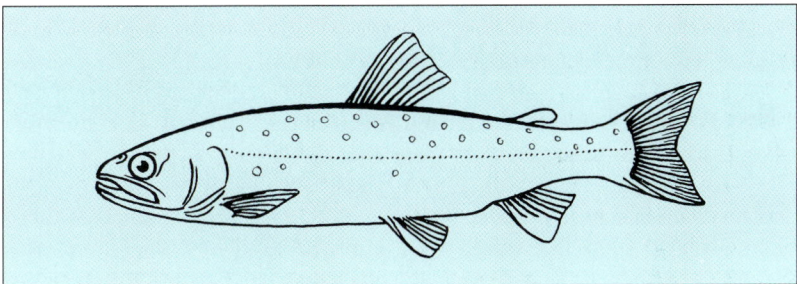

Abb. 23 Seesaibling

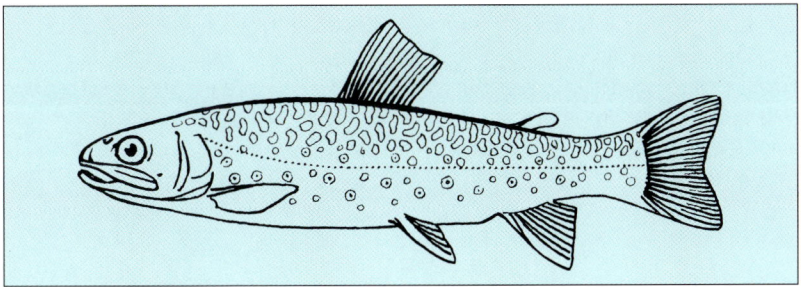

Abb. 24 Bachsaibling

67

Der Bachsaibling, von Geburt ein kältegewohnter Nordamerikaner, ist wie die Regenbogenforelle seit 1882 in Europa eingebürgert. Zu der wirtschaftlichen Bedeutung wie seine Landsmännin hat er es nicht gebracht. Das kommt daher, weil er sich hauptsächlich in den sehr kalten Quellgebieten der Gebirgsflüsse wohl fühlt; er steht noch oberhalb der Forellenregion. Mit der Bachforelle verträgt er sich sehr gut. Und da beider Laichzeiten zusammenfallen, kommen sogar Kreuzungen vor. Manch überraschter Sportfischer wird schon an diesen unfruchtbaren Blendlingen herumgerätselt haben.

Für den Fang mit der künstlichen Fliege ist der Bachsaibling sehr gut geeignet. Die Methoden sind die gleichen wie bei der Forelle. Wegen der schmalen Gewässerbeschaffenheit fischt man auf kurze Distanz. Eine Besonderheit des Bachsaiblings: Er steht frei im Wasser, bevorzugt als Aufenthalt also keineswegs Unterstände wie beispielsweise die Bachforelle.

Döbel

Dickkopf, Diebel, Altl, Altfisch, Knilpse, Weißfisch, Möne, Münne, Fürm, Kühling, Fundling, Schuppfisch, Schupper, Alet, Dübling, Bratfisch – wer im deutschen Sprachraum unter so vielen Namen reist, der ist verdächtig! Und wer ist dieser Tausendsassa? Niemand anders als unser Döbel oder Aitel, wie er südlicher genannt wird.

Es können – aber es brauchen nicht immer Forellen zu sein. Wer den Döbel in seinem Fischwasser weiß, hat das ganze Jahr hindurch einen erstklassigen Fisch für die Fliegenrute. Wohl kaum ein anderer Fisch hat so viele Freunde und Gegner wie dieser. Der Fliegenfischer lasse die überflüssige Frage nach der Wirtschaftlichkeit des Döbels fort. Er bekenne sich zu seinem

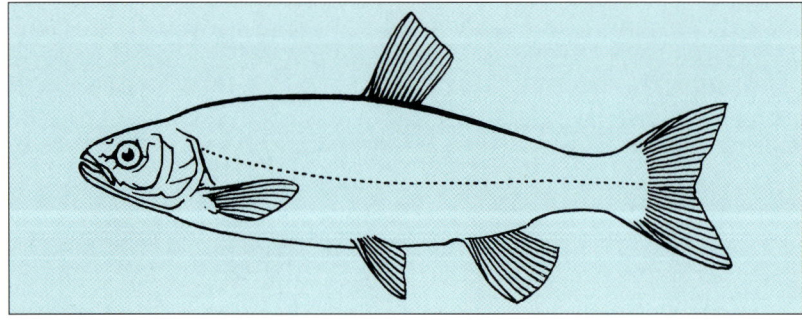

Abb. 25 Döbel

Freund, falls man kein reines Salmonidengewässer befischt, so daß er kurzgehalten werden müßte.

Der Döbel kommt im stehenden wie im fließenden Gewässer vor. Ich wüßte keinen zweiten Fisch, der die Fliege zuverlässiger nähme als er. Die Nasse bringt mitunter eine hervorragende Strecke, die Trockene jedoch wäre für ihn tödlich, wenn wir ihn, dankbar für den guten Sport, nicht wieder schwimmen ließen. Er lebt gesellig in den oberen Wasserschichten. Nur manchmal, rätselhaft selbst für den Eingeweihten, verschwindet er für Tage in die Tiefe, und nicht immer ist, wie fälschlicherweise oft behauptet wird, empfindliche Kälte daran schuld.

Im sommerlich niedrigen Fluß, im sonnenwarmen See stehen die Döbel des öfteren so flach, daß ihre Rücken samt Schwanzruder aus dem Wasser ragen. Waten oder schleichen Sie geräuschlos, jede Deckung nutzend, an den Schwarm heran und setzen Sie ihnen eine Trockenfliege Größe 8–10 vor die Nase. Ein Wasserschwall, und die Fliege ist verschwunden. Der Futterneid bringt manchmal sogar Tempo in die Angelegenheit, was beim Döbel nicht immer der Fall ist. Und jetzt begeht nicht nur der Anfänger einen entscheidenden Fehler: er schlägt sofort an.

Unser Döbel verfügt über ein gerüttelt Maß an Phlegma. Er steigt bedächtig, inspiziert die Fliege mit Muße, und wenn der Flugangler, der das beobachten kann, bereits glaubt, der Fisch habe Unrat gewittert, klappt dieser sein Maul auf und schlürft die Fliege genüßlich ein. Wer sich nun beherrscht und mit dem Anhieb eine Sekunde wartet, hat den Döbel am Haken.

Im Fluß lassen wir die Trockenfliege stromab auf den ausgemachten Schwarm zutreiben. Sie wird zuerst die vorderen und stärksten Stücke erreichen. Die Methode des Stromabfischens mit der Trockenfliege hat überhaupt den Vorteil, daß der Fisch als erstes die Fliege, das verdächtige Vorfach aber kaum sieht. Die im Fließgewässer leicht gewellte Oberfläche unterstützt diese Absicht. Denn wenn auch der Döbel die verrücktesten Trockenfliegen akzeptiert, erfahrene Döbelangler werden mir das bestätigen, ein ungünstig dargebotenes Vorfach übersieht er nur selten oder nie.

Entdecken Sie keine hochstehenden Döbel, und der Fluß ist nicht zu tief und zu trüb, versuchen Sie einmal die vielleicht am Grund stehenden Fische zum Steigen zu bringen, indem Sie die Trockenfliege über die fangverdächtigen Stellen treiben lassen. Ist der Döbel dort unten nicht zu sehr beschäftigt, wird er bestimmt nicht nein sagen. Und vergessen Sie nicht die Schattenpartien unter dem Ufergebüsch. Hier halten sich die „Dickköpfe" besonders gern während der heißen Mittagsstunden auf. Aber auch wenn ein solider Landregen allerlei Kleintierzeug von Blatt- und Zweigwerk spült, harrt die Gesellschaft geduldig der Dinge, die da von oben kommen. Warmes, von Re-

69

gen oder Sonne temperiertes Wasser hat noch keinen Döbel um den Appetit gebracht. Eher das Gegenteil ist der Fall. Nur wenn allzu häufiger Niederschlag den Fluß trübt und ansteigen läßt, kann man sich die Fliege sparen. Die gegen die Strömung, mit zuckenden Bewegungen geführte Naßfliege ist ebenfalls sehr fängig. Ist weit und breit keine Spur von einem Döbel zu sehen, hilft sie suchen, und das geht nicht selten über größere Flußabschnitte vor sich, wozu die Trockenfliege zu umständlich wäre. Haben Sie einen Schwarm aufgespürt und bekommen einen Biß, lohnt es sich, dort eine Zeitlang weiter zu fischen, denn der Döbel steht selten allein, und meist lassen sich noch ein paar Kumpane von der Fliege bezirzen. Doch je schwerer sie sind, um so eher sind sie gewarnt und verschwunden. Lassen Sie sie ziehen. Merken Sie sich die Stelle fürs nächste Mal oder noch denselben Abend.

Der Anbiß eines Döbels kann einen immer wieder aufs neue begeistern. Es gibt einen regelrechten Bums in der Rute, der, wenn der Fisch hoch steht, mit einem erschrockenen Sprung quittiert wird. Der Döbel, zumal das schwerere Kaliber, kämpft kraftvoll und bietet einen genußreichen Drill an dem leichten Gerät. Ihn aber noch über die Forelle zu stellen, wie man es hin und wieder lesen kann, ist absurd.

In Seen und Talsperren mit der Trockenfliege auf Döbel zu fischen, ist oft noch spannender als im Fluß, weil man sich seinen Fisch, sofern er hoch steht, aussuchen und ihm in Ruhe die Fliege servieren kann. Hierbei können Sie Fliege-Zielwerfen am lebenden Objekt üben. Tagsüber, bei windstillem Wetter und spiegelglatter Wasserfläche, ist die Trockenfliegen-Fischerei so gut wie zwecklos, vor allem wenn es sich um sehr klare Gewässer handelt. Nur während der Laichzeit ist unser Freund blind gegen das verräterische Vorfach, hat aber großen Hunger. Es ist nämlich immer das Vorfach, vor dem er zurückschreckt, und nicht die Fliege selber, wie der Anfänger oft irrtümlich annimmt. Riskieren Sie bei günstiger Gelegenheit ein Experiment und opfern Sie eine Trockenfliege. Lassen Sie sie lose auf das Wasser fallen und mit der Strömung (im Fluß) oder der Drift (im See) auf die Fische zutreiben, 1 : 100 wird sie angenommen; auch bei einer Wasseroberfläche, die mit einem Bügeleisen geglättet scheint. Und jetzt präsentieren Sie einmal eine Angeknüpfte, Sie werden staunen!

Für das Trockenfliegenfischen in stehenden Gewässern ist eine leichte Brise mit mäßigem Wellengang immer willkommen. Und einem guten Werfer, der seine Leine noch bei starkem Wind sicher beherrscht, wird ein etwas rauheres Wetter lieber sein als ein zu laues Lüftchen. Das gilt nicht allein für die Döbelfischerei. Stark bewegtes Wasser verzerrt dem Fischauge alles, was sich auf und unmittelbar unter der Oberfläche befindet. Damit natürlich auch Fliege und Vorfach, letzteres meist gar nicht wahrnehmbar, erscheinen in einer weniger kritischen Beleuchtung. Desgleichen verwischt der Wellengang, bei vernünftiger Distanz, die Silhouette des Fliegenfischers. Er darf also etwa uneingeschränkter sein Wild angehen.

Einem ungeübten Auge wird es anfangs Schwierigkeiten bereiten, bei kräftigem Wellenschlag hochstehende Fische zu entdecken, doch bei einiger Praxis werden Ihnen ein paar verdächtige Schatten, ein paar verräterische Bewegungen den Trupp Döbel preisgeben. Stark bewegtes Wasser gestattet es in der Regel, daß Sie sich den Fischen bis auf etwa 10 m nähern können, ohne daß sie Verdacht schöpfen. Das ist im See eine relativ kurze Entfernung, bei der Sie die Trockene, die ja beim Döbel ziemlich voluminös sein darf, gut unter Kontrolle halten können. Ein weiterer Vorteil solchen Wetters ist, daß stets starke Drift geht. Deswegen brauchen Sie die Trockenfliege auch nicht direkt in den Schwarm zu werfen und dabei Gefahr laufen, daß Sie einem übersehenen Fisch die Flugleine über den Rücken knallen, worauf dieser entsetzt, samt seinen Genossen, das Weite sucht. Werfen Sie die Fliege so, daß sie ohne Verdacht zu erregen der hungrigen Gesellschaft vor die Mäuler treibt. Merken Sie sich für diesen Fall: Die für Sie nur schemenhaft sichtbaren Döbel stehen meist mit dem Kopf gegen die Drift gerichtet. Ebenso erlaubt es die Drift, eine etwas unglücklich servierte Fliege aus der Nähe des vielleicht schon argwöhnisch gewordenen Schwarmes treiben zu lassen und in sicherer Entfernung wieder aufzunehmen.

Nicht immer stehen im See die Döbel so hoch, daß sie zu sehen sind. Jetzt hilft die nasse Fliege, genau wie im Fluß, sie suchen. Die Methode der Naßfliegenführung bleibt, wie beschrieben, immer die gleiche, ganz gleich, ob man auf Döbel, Salmoniden oder andere Fische angelt. Der Döbel ist ein Wesen mit einem ausgeprägten Gesichtssinn. Seine Vorfachempfindlichkeit habe ich genug beschrieben. Bleiben Sie daher stur bei einer Vorfachspitze von 0,20 mm, ganz gleich, was Sie außer einem Döbel erwarten. Sie verfügen ja über eine elastische Rute und haben ausreichend Nachschnur auf der Rolle, daß Sie um einen starken, weitflüchtenden Fisch nicht zu bangen brauchen.

Der Döbel ist, wo er vorkommt, in jedem Bereich stehender Gewässer zu finden, außer in extremen Tiefen. Eine besondere Vorliebe hegt er jedoch für die Uferzonen. Hier verweilt er gern im flachen Wasser oder bummelt gemächlich durch solche Abschnitte. Darum empfiehlt es sich, zuerst parallel zum Ufer zu fischen und die Naßfliege durch die seichtesten Untiefen zu ziehen, ehe man zur Mitte, zum Tiefen hin wirft.

Oft verrät der Döbel seine Anwesenheit durch die ihm eigene Derbheit bei der Nahrungsaufnahme; besonders wenn er unter die junge Brut fährt, daß es nur so spritzt. Während die Forelle meist in diesen Tagen eine äußerste Sensibilität entwickelt, ich spreche hier von Forellen im See, und selten ein Auge für etwas anderes als Kleinfisch hat, ist der Döbel einer Abwechslung in der Kost niemals abgeneigt. Werfen Sie ohne viel Federlesen die Fliege mitten in solche Treibjagden hinein, die er, nicht selten Seite an Seite mit dem Barsch, unter den Fischbabys veranstaltet. Und wundern Sie sich nicht, wenn an Stelle eines „Dickkopfes" ein rauhschuppiger Barsch Ihre Märzbraune im Maul sitzen hat, denn auch er ist Opportunist.

Nicht jeder Fliegenfischer hat ein Äschengewässer zur Hand, das ihm über den langen Winter hinweghilft. Schätzen wir uns glücklich, wenn wir den Döbel in unseren Seen und Flüssen wissen. Er schenkt uns auch während des Winterhalbjahres hervorragenden Sport an der Flugangel und ist in dieser Zeit der Trockenfliege genauso zugetan wie der Nassen. Schwingen wir die Flugangel auf ihn, solange uns der Frost die Rutenringe nicht vereist und das Werfen unmöglich macht. Denn dieser interessante Fisch verdient die künstliche Fliege schon deshalb, weil sie humaner ist als das tief geschluckte Madenbündel oder etwas Ähnliches.

Aland

Meist bleibt der Aland (Nerfling) ein Zufallsfisch, der uns beim Fischen auf Salmoniden oder Cypriniden an die Fliege geht. Er sieht aus wie eine Kreuzung zwischen Döbel und Rotauge und wird von Anglern, die ihm das erste Mal begegnen, auch dafür gehalten. Der Aland lebt gesellig in nicht zu arg verschmutzten Seen und Flüssen, und geht selbst starken Strömungen nicht aus dem Wege. Wir finden ihn im Fluß häufig mitten unter Döbeln und Forellen, wo er sich an heißen Tagen gern im sauerstoffreichen Wasser hinter Wehren und Rollen aufhält. Im See steht er im Sommer mit Vorliebe flach, und wenn man ihn dort unter der Oberfläche, so träge vor sich hin dösend, entdeckt, hält man ihn auf den ersten Blick tatsächlich für einen Döbel.

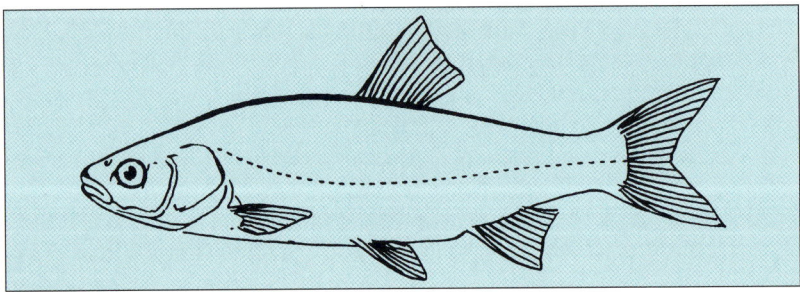

Abb. 26 Aland

Ein Saibling wehrt sich an der Rute

Eine schöne Bachforelle im Drill

Am tiefverschneiten Äschenfluß, ein erfolgreicher Fang

Eine Auswahl von Fliegen

Trockenfliegen: 1 Goldfliege, Zulu, Red Tag, Palmer

2 Entenbürzelfliege, Stein- oder Köcherfliege, Hecheltrockenfliege, Eintagsfliege (gelb)

Maifliegen: 3 Fallschirmfliege, Haarflügelfliege, Goldpalmer, Rebhuhnfliege

4 Loop Wing, Entenbürzelschwinge, Maifliegennymphe

Naßfliegen: 5 Märzbraune, Reizfliege, Rote Rebhuhnfliege, Hechelnaßfliege

6 Ameise, Puppe, Alexandra, Aufsteiger

Nymphen: 7 Arthofer-Nymphe, Fasanenschwanz-Nymphe, Köcherfliege, Goldkopfnymphe, Goldkopfpuppe

Eine Auswahl von Streamern

1 Taupo Tiger, Raupen-Streamer
2 Black Zonker, Garnelen-Streamer
3 Thunder Creek, Yellow Perch (Barsch-Streamer)
4 Marabou-Streamer, Raffia-Fischchen, Muddler
5 Scott Spezial, Peacock Shiner, White Lady

Die Eintagsfliege ist das wichtigste Insekt in der Nahrungskette von Salmoniden und Vorbild für die Fertigung einer künstlichen Fliege

Die Köcherfliege kommt gleich an zweiter Stelle

Mit dem Döbel hat er vor allem das Temperament gemeinsam. Ich meine die Gelassenheit beim Nehmen der Fliege, aber auch die Scheu vor allem Fremden und Verdächtigen. Auch beim Aland darf bei einem Biß nicht sofort angehauen werden. Da ihn aber nicht nur der Anfänger für einen Döbel hält und die Verzögerungssekunde entsprechend verstreichen läßt, hängt der Fisch in der Regel am Haken.

Der Aland geht an die Trockenfliege genauso verläßlich wie an die Nasse. Trotz seines kleineren Maules zieht er große, buschige Fliegen den spärlicher gebundenen Typen vor. Für den Fang des Alands kann der Anfänger die gleiche Methode anwenden wie beim Döbel. Flachstehende Fische versuche man mit der Trockenfliege zu überlisten, tiefstehende werden mit der Nassen gesucht und zum Steigen gebracht. Und hier etwas, was die wenigsten Fliegenfischer wissen. Alande beißen besonders in hellen Nächten auf den naß zu fischenden Palmer, den man im Fluß, ähnlich wie die Trockenfliege, stromab treiben läßt und ruckweise wieder heranzieht. Man sollte aber schon beim Abtreibenlassen die Fühlung mit der Fliege nicht verlieren. Das geschieht, indem man die Flugleine eine Idee langsamer aus dem Spitzenring gleiten läßt, als die Strömungsgeschwindigkeit beträgt.

Im See wird das Nachtfischen auf Alande bei dem Anfänger am Werfen scheitern. Hier bietet sich als Kompromiß das Boot an, hinter dem wir, bei gemütlichem Ruderschlag, an völlig abgezogener Flugleine einen wuscheligen, dunkelfarbenen (!) Palmer schleppen. Und vergessen Sie Kescher und Taschenlampe nicht. Manch Fliegenfischer hat bei solch romantischer Nachtfahrt schon die Forelle seines Lebens gefangen. Fischen Sie aus diesem Grund lieber mit einer Vorfachspitze von 0,25 mm, denn bei einem jähen Anbiß reißt eine Stärke von 0,20 mm hierbei oft. Über den Kampfgeist des Alands gehen die Meinungen auseinander. Aus meinen eigenen Erfahrungen möchte ich behaupten: Es gibt müde Individuen unter ihnen, die nach einem bißchen Gezappel gleich die Waffen strecken, und dann gerät man wieder an Kämpen, die dem bulligen Döbel in nichts nachstehen. Die schwereren Exemplare bis zu drei Pfund, die ich sommertags an die Trockenfliege bekam, waren alle gute, ausdauernde Kämpfer, die ich ehrerbietig wieder in die Freiheit zurückschwimmen ließ.

Rapfen

Man müßte, will man objektiv sein, den Fang eines Rapfens (Schied) über den der Forelle stellen. Diesen schlankleibigen Einzelgänger, dessen hervorstechendsten Merkmale da sind Schlauheit, Vorsicht und Verwegenheit, gebührt

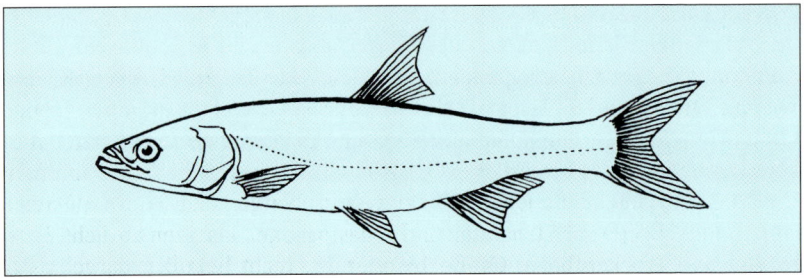

Abb. 27 Rapfen

eigentlich Schwierigkeitsgrad Nr. 1, und das gilt nicht allein fürs Flugangeln. Er ist bei uns schon etwas selten geworden, dieser schneidige Fisch, der so großes Entsetzen unter die Häslinge und Uckleis zu bringen vermag, daß sie in ihrer Not und Pein sogar aufs Trockene springen.

Der Rapfen geht gut und gern an die Fliege, wenn man weiß, wo er zu suchen ist und wo er gerade raubt. Bei seiner Jagd auf kleine Fische verursacht er oft einen höllischen Lärm. Gehen Sie recht früh ans Wasser und lauschen Sie hinaus. Wenn Sie durch Frühdunst und Morgennebel ein Geplansche hören, als ob ein Schof Enten einfällt, dann ist unser Rapfen aufgestanden und besorgt sich ein Frühstück.

Die Schwierigkeit, dem Rapfen vom Ufer aus die Fliege anzubieten, sei es die Nasse oder Trockene, liegt darin, daß er im See nicht lange an einem Fleck verweilt und im Fluß mit Vorliebe draußen in der scharfen Strömung steht. Hat er gerade die junge Barschbrut gegen den Uferbord getrieben und sich ein Maul voll genommen, so jagt er ein paar Sekunden später im freien Wasser die Uckleis auseinander. Für den Anfänger liegt wohl die größere Chance beim Schleppen der Fliege im See. Ein sicherer Platz, wo wir einen Rapfen noch antreffen können, ist bei uns beispielsweise der Chiemsee mit seinen Zu- und Abflüssen.

Tauschen Sie für das Schleppen Ihr verjüngtes Vorfach gegen ein monofiles Stück 0,25er Nylon von gleicher Länge aus, damit es Ihnen der rasante Fisch beim Zuschnappen nicht zerfetzen kann, und binden Sie an den stabileren Ersatz eine Märzbraune oder einen braunen oder schwarzen Palmer Größe 8–10. Kreuzen Sie dann über den Stellen, wo der Rapfen sich bemerkbar gemacht hat, vielleicht ratscht plötzlich Ihre Rolle, und Sie lernen einen unserer besten Sportfische mit der Fliegenrute zähmen. Und das zählt doppelt.

Rotauge

Das Rotauge steht überwiegend am Grunde, wo es sich von Larven, Krebschen und anderen Kleintieren ernährt. Mit der Fliegenrute dorthin zu ziehen, wo es Hauptfisch ist und keine anderen der hier erwähnten Fischarten vorkommen, hieße unverbesserlicher Optimist sein. Dennoch gibt es im Sommer Tage und Stunden, an denen das Rotauge in stehenden Gewässern aufsteigt und die Oberfläche nach lebenden und abgestorbenen Insekten absucht. Eine ganz kleine Trockenfliege, Größe 16 oder 18, recht heimlich dargeboten, wird ihre Wirkung nicht verfehlen und einen Schwarm jener geselligen Fische enorm lichten, ehe die restlichen etwas merken und den unheimlichen Ort fliehen, wo ein Gefährte nach dem anderen auf unerklärliche Weise zappelnd und protestierend aus ihren Reihen verschwindet. Der Fliegenfischer braucht jetzt nur die Augen offen zu halten, denn zu einer weiten Flucht führt vorerst die Erkenntnis nicht. Nach zehn, zwanzig Metern finden die Rotaugen das Leben wieder lebenswert und ein zartes Mückenmenü äußerst delikat. Es lohnt sich also, dem Schwarm so lange zu folgen, bis selbst das vertrauensseligste Rotauge erkennt, wie schlecht die Welt hier oben ist, und hinab in die Tiefe verschwindet, denn dumm sind die Rotaugen nicht, nur, was die Fliegennahrung angeht, ein bißchen unerfahren.

Wie zurückhaltend sie sein können zeigt die Tatsache, daß sie im See äußerst selten mit der gezogenen Naßfliege gefangen werden, wo sie solch seltsames Wesen aus einer günstigeren Perspektive beäugen können. Anders ihre Verwandten im Fluß. Zu schnell führt die Strömung den Happen davon, und man hat das Nachsehen. Wegen dieser notwendigen Entschlossenheit des Fluß-Rotauges findet auch die gegen den Strom gezogene Naßfliege ihre Liebhaber, meist so nebenher, wenn wir auf Döbel fischen.

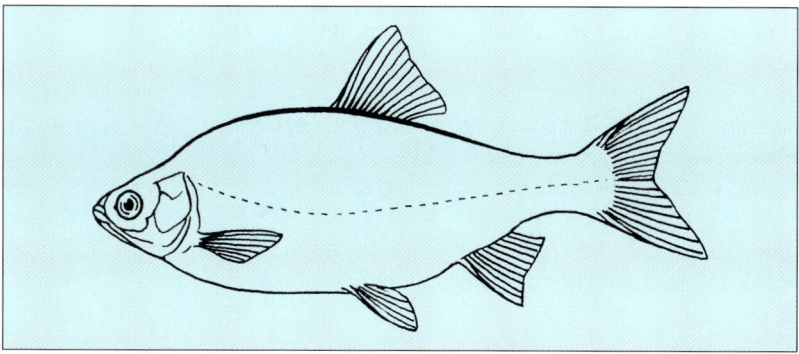

Abb. 28 Rotauge

Rotfeder

Ein für die Flugangelei sehr interessanter Fisch ist die Rotfeder, die von manchem mit dem Rotauge verwechselt wird. Für den Fachmann ist es nicht schwer, beide Arten auseinanderzuhalten. Denn abgesehen davon, daß die Rotfeder höher und goldfarbener ist als ihre Schwester, weisen die Flossen eine intensivere Färbung auf. Unverkennbar ist sie aber an der oberständigen Maulspalte (beim Rotauge oberständig), die den Oberflächenfisch und Fluginsekten-Liebhaber ausweist. Und wirklich hält sich die Rotfeder während des Sommers überwiegend in den oberen Wasserschichten auf und taucht nur selten durch das Mittelwasser hinab.

Von Ende Juni bis in den September hinein bietet die Rotfeder guten Sport an der Fliegenrute, und wo eine gefangen wird, gehen noch mehr an den Haken. Die Trockenfliege hat den Vorrang. Gern verweilen die Rotfedern zwischen ausgedehnten Krautfeldern, die Schutz und Deckung gewähren. Sie scheinen teilnahmslos die mittägliche Hitze zu verträumen, bis ein paar schnell zerrinnende Ringe dem Fliegenfischer verraten, daß ihnen nichts entgeht, was Wind und Wellen heranbringen.

Ein Vorfach mit kleinhakiger Trockenfliege läßt sich federleicht über die Krautbetten legen und ebenso unauffällig wieder abheben, wenn ein Wurf mißlingt und ein neuer Versuch gestartet werden muß. Die Rotfeder ist eine behende Steigerin und faßt ohne zu zaudern zu. Im Augenblick, wo die Fliege in einem Wasserschwall verschwindet, muß sofort angeschlagen werden.

Die Trockenfliege bringt in klaren Gewässern sogar Erfolg, wenn man keinen Fisch, keinen verdächtigen Ring an der Oberfläche sieht. Wie der Döbel steigt auch die Rotfeder nach dem natürlichen wie künstlichen Insekt,

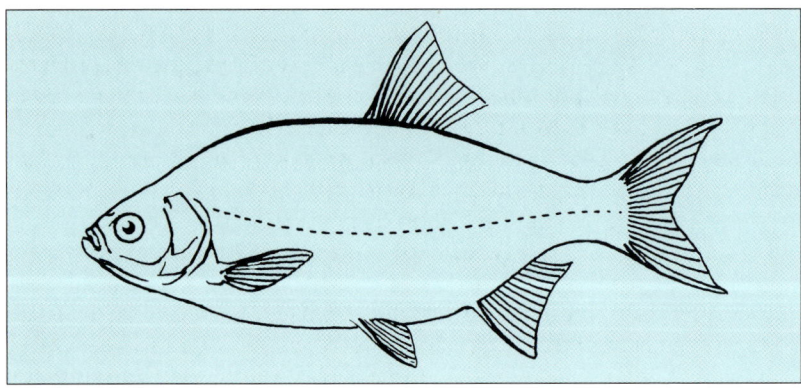

Abb. 29 Rotfeder

wenn sie in paar Fuß tiefer steht. Nur ist sie impulsiver dabei. Will sich aber einmal überhaupt kein Fisch unserer Trockenfliege erbarmen, weil vielleicht das Wasser etwas angetrübt ist oder der Schwarm erst geortet werden muß, dann knüpfen wir eine Naßfliege ans Vorfach, am besten eine Märzbraune Größe 16, und begeben uns auf die Suche. Die Rotfeder weiß nämlich aufsteigende Insektenlarven außerordentlich zu schätzen und steht unseren künstlichen Nachbildungen sehr positiv gegenüber. Sollte ein allzu heftiger Wind das Wasser aufrauhen, was die Trockenfliegenfischerei auf Rotfedern erheblich erschwert, entscheiden wir uns am besten gleich für die Naßfliege.

Die Rotfeder gehört zu den Fischen, derentwegen es sich allein schon lohnt, einen schönen Sommertag mit der Fliegenrute am Wasser zu verbringen. Langeweile lassen sie nicht aufkommen und Schneider bleibt man kaum. Nur muß es sich dabei um die wirklich „echten" Rotfedern handeln.

Hecht, Barsch und Zander

Die Hechtfischerei mit der künstlichen Fliege ist bedeutend älter, als mancher denkt. – Schon im auslaufenden Mittelalter wurde auf den Britischen Inseln Freund Esox mit großen, buschigen Gebilden aus Pfauenfedern nachgestellt. Diese waren, man glaubt es kaum, die Vorläufer unserer jetzigen Streamer. – Heute ist man längst wieder zu diesen Ursprüngen zurückgekehrt, denn zu einem gutsortierten Fliegenfischer-Fachhandel zählen auch jene bunten und buschigen, auf Hakengröße 3/0 und mehr gebundenen „Hechtfliegen". Das soll nicht heißen, daß Freund Esox unser normales Streamerangebot ausschlägt. Daß aber eine Großfliege auf ihn besser wirken wird als ein kleineres Muster, dafür spricht schon die angeborene Raubgier dieses gelbgetigerten Wegelagerers. Wenn Sie also, lieber Leser, gezielt auf Hecht fischen wollen und Ihre Rute diesen etwas schwereren Köder verarbeiten kann, dann greifen Sie besser zu einer speziellen Hechtfliege.

Etwas „bescheidener" in seinen Ansprüchen ist da unser Barsch. Er läßt sich nicht nur bei der ganz normalen Naßfliegenfischerei übertölpeln, sondern er schätzt auch unsere herkömmlichen Streamer. Und hierbei ist er gar nicht einmal so wählerisch. Er schnappt, sofern er in Beißlaune ist, nach jedem Muster.

Bedeutend schwieriger ist der Zander zu fangen. Denn man muß wissen, wann und wo er jagt: tief, flach oder im Mittelwasser. Hier setzt der Erfolg Ortskenntnis voraus; was natürlich meist auch für Hecht und Barsch gelten wird. Und es ist sicher kein Nachteil, wenn man hierbei auf seine vergange-

nen Erfahrungen als Spinnangler zurückgreifen kann. Erfolgreiche Zander-
fischer bevorzugen Fliegen, bei denen Gelb und Rot dominieren …

Die Fischerei auf diese drei Fischarten kann sehr spannend sein, und sie
ist sicherlich eine gute Alternative, wenn keine ausgesprochenen Salmonidengewässer in der Nähe sind. Allerdings wird der Fliegenfischer hierzu
spezielles Streamergerät benötigen. Und mit der an sich universellen
Schwimmleine wird er auf Dauer auch nicht auskommen können: Eine sinkende und eine teilsinkende Schnur sind nun mal für eine erfolgreiche Raub-
fischangelei unerläßlich. Doch mehr darüber im Streamer und Reizfliegen-
Kapitel.

Weitere gute Fliegen

Inzwischen haben Sie, verehrter Leser, mit der Märzbraunen naß und der
Goldfliege trocken Ihre ersten Fische gefangen, und es gelüstet Sie nach
größeren Taten. Diese glauben die meisten Anfänger mit einem möglichst
reichhaltigen Fliegensortiment vollbringen zu können. Nun, ich will Sie auf
diesem Sektor keineswegs zur Askese bekehren. Hauptgrund dafür, daß ich
Ihnen nur zwei Fliegen für den Anfang empfohlen habe, ist der gewesen, den
Anfänger mit den beiden tausendfach erprobten Mustern Fische fangen zu
lassen und Sorge zu tragen, daß nicht er gefangen wird – nämlich von den unzähligen, zum Kauf verlockenden Fliegen.

Denn der erste, der am Haken einer verführerisch glänzenden Fliege
hängt, ist immer der Angler. Und selbst der mit allen Wassern gewaschene
Fliegenfischer kann sich des Zaubers, den dieser bunte Flitter auf ihn ausübt,
nur schlecht erwehren. Allein seine Erfahrung läßt den Verlockungen eine
gewisse Zurückhaltung angedeihen, die Geld und Enttäuschungen sparen
hilft. Der Neuling jedoch glaubt, daß das Fludium, das von den schillernden
Fliegen ausgeht, auch auf die Fische ausstrahlen müsse, und hierin irrt er ge-
waltig.

Jeder versierte Flugangler kennt den Reiz, der im Experimentieren mit
einer wohlgefüllten, buntsortierten Fliegenschachtel liegen kann. Für manche Leute wäre das Fliegenfischen um vieles ärmer, wenn sie auf diese Liebhaberei verzichten sollten. Und schließlich soll es jedem überlassen sein, mit
welchen und mit wie vielen Fliegen er ans Wasser geht. An den Kreuzwegen
seines Fischerpfades wird ein jeder von uns besinnliche Rückschau auf das
hinter ihm Liegende halten müssen, ehe er sich vielleicht für eine andere
Richtung entscheidet. Er wird seine Erfolge und Mißerfolge gegeneinander

abwägen und sich aus dem Ergebnis eine eigene Meinung, einen persönlichen Standpunkt bilden, und das nennt man dann Erfahrung.

Erfahrungsgemäß ist das Altbewährte, das Vielerprobte immer noch das Beste, was man dem Neuling empfehlen kann. Deshalb möchte ich Sie jetzt mit ein paar bewährten Fliegen bekannt machen. Bei diesen handelt es sich um sogenannte klassische Fliegen, die fast alle ihr Ursprungsland in England haben. Darum besitzen sie meist nebenbei eine englische Bezeichnung. Sollten Sie einmal im Ausland fliegenfischen und Ihren Vorrat auffrischen müssen, so hilft

Naßfliegen und Nympen		
Januar–März	*April*	*Mai*
Märzbraune	Märzbraune	Märzbraune
Kleine Steinfliegen	Hasenohrfliege	Rad Tag
Alexandra	Palmer	Hexe
Nymphen	Steinfliegen	Köcherfliegen
	Alexandra	Steinfliegen
	Nymphen	Palmer
		Alexandra
		Nymphen
Juni	*Juli*	*August*
Märzbraune	wie Juni, dazu	wie Juni/Juli
Red Tag	Greenwell's	dazu Rote und
Hexe	Glory	Schwarze Ameise
Köcherfliegen		
Steinfliegen		
Kutscher		
Palmer		
Hasenohrfliege		
Nymphen		
September	*Okt.–Nov.*	*Nov.–Dez.*
Märzbraune	Märzbraune	wie Januar
Greenwell's Glory	Köcherfliegen	bis März
Köcherfliegen	Steinfliegen	
Steinfliegen	Nymphen	
Ameisen		
Alexandra		
Nymphen		

79

Ihnen dieses Vokabularium, in den Fachgeschäften das Gewünschte zu finden. Und denken Sie daran, daß viele dieser Muster sowohl als Naßfliegen (Wet Flies) wie auch als Trockenfliegen (Dry Flies) zu haben sind.

Grobgenommen unterscheidet man beim herkömmlichen Fliegenfischen zwischen Äschen- und Forellenfliegen, wobei die Äschenfliegen in der Regel die kleineren Haken auszeichnen (Größe 14 bis 20). Also Fliegen, die sich ebenfalls für kleinere Friedfischarten eignen. Unter diesen kleinhakigen Fliegentypen sind ein paar, die sich bei der sensiblen Äsche als besonders fängig erwiesen haben. Jedes Gewässer hat unter diesen Fliegen seine bestimmte Favoritin, die je nach Jahreszeit und Witterung wechseln kann. Das gleiche gilt für die Hakengröße. Es ist mir unmöglich, mich an dieser Stelle auf bestimmte Fliegen festzulegen. Ich werde Ihnen ein paar Standard-Äschenfliegen nennen.

Für die Forellenfischerei eignen sich die Größen 10 bis 14 und für die schwereren Kaliber, einschließlich Döbel und Rapfen, die Nr. 8. Doch keine Regel ohne Ausnahme: Auf die winzigsten Fliegen sind schon die schwersten Fische gefangen worden.

Hier nun zehn bekannte Äschenfliegen, die sich selbstverständlich auch auf jede andere Fischart anwenden lassen:

Rotschwanz – Red Tag	Jassid – Jungle Cook
Hexe – Witch	Rote Ameise – Red Ant
Kleinere Köcherfliegenimitate	Schwarze Ameise – Black Ant
(Sedges)	Fasanenschwanznymphe – Pheasant
Pale Watery – Blaßwasserfarbene	Tail Nymph
Kleinere Palmer	Schwarze Mücke – Black Midge

Bekannte Forellenfliegen sind folgende zehn Muster:

BWO – Blaugeflügelte Olivfarbene	Braune, schwarze, graue Köcher
Blue Dun	fliegen – Sedges
Roter Kiel – Red Quill	Steinfliegen – Stone Flies
Greenwell's Glory	Alle Palmer
Kutscher – Coachman	Hasenohrfliege – Hares Ear
	Alle Nymphen

Ein Teil der genannten Fliegen ist auch als Nymphen erhältlich. Die Flugangelei mit der Nymphe ist die verfeinerte Art des Naßfliegenfischens. Ihr wurde Anfang unseres Jahrhunderts in England von einem gewissen Mister G. E. Skues zu höchstem Ansehen verholfen. Die Nymphe soll, wie ihre Schwester, die Naßfliege, eine Insektenlarve darstellen. Sie unterscheidet sich von ihr durch kürzere Schwanzfäden, spärlichere Hecheln und einen kleinen Buckel, in dem beim natürlichen Insekt die Flügelsegmente eingerollt sind. Interessant ist die Nym-

Trockenfliegen		
Januar–März	*April*	*Mai*
Goldfliege	Goldfliege	Goldfliege
Märzbraune	Märzbraune	Märzbraune
Roter Kiel	Roter Kiel	Roter Kiel
Steinfliegen	Red Tag	Red Tag
	Hexe	Hexe
	Steinfliegen	Köcherfliegen
		Steinfliegen
Juni	*Juli*	*August*
wie Mai, dazu	wie Mai/Juni	wie Mai–Juli
Greenwell's Glory	dazu	
Pale Watery	BWO	
Blue Dun	Jassid	
Kutscher	Black Midge	
Palmer	Rote und	
	Schwarze Ameise	
September	*Oktober*	*Nov.–Dez.*
wie Mai–August	Goldfliege	Goldfliege
dazu	Märzbraune	Märzbraune
Hasenohrfliege	Rote und	Black Midge
Große, braune	Schwarze Ameise	Steinfliegen
Köcherfliege	Steinfliegen	
	Red Tag	

phe eigentlich nur an einem Salmonidengewässer. Der Anfänger, der vom Forschungsdrang beseelt ist und sie auf seine heimatlichen Friedfische ausprobieren will, kann sie fischen, wie er es bisher mit der Naßfliege praktiziert hat.

Den Palmer habe ich schon ein paarmal im vorherigen Kapitel erwähnt. Es gibt ihn in den Farben Schwarz, (Rot-)Braun und Weiß. Er sollte in keinem Fliegensortiment fehlen. Er kann trocken wie naß gefischt werden. Eine nahe Verwandte von ihm ist die besonders dichtgehechelte Behmfliege in den gleichen Farben, die als äußerst gutschwimmende Trockenfliege vor allem abends auf Döbel, Rapfen und starke Salmoniden Verwendung findet.

Ein paar Spezialfliegen sind Alexandra, Heuschrecke und Käferfliege. Die Alexandra ist eine ausgesprochene Naßfliege, die am besten gezogen gefischt wird. Sie soll angeblich ein Brutfischchen vortäuschen. Doch darüber wird im Streamer-Kapitel noch etwas zu sagen ist. Sie ist für Döbel und Salmoniden eine fängige Fliege. Es gibt sie in verschiedenen Größen und als Nymphe. Die Heuschrecke mit Korkleib, daher schwimmend, ist eine Überraschungsfliege an Wiesenbächen und -flüssen, wo es sommertags vor Heupferdchen wimmelt und die Fische es gewöhnt sind, daß ihnen so ein fehlgesprungenes Tierchen vors Maul treibt. Das gleiche gilt für die Käferfliege, die wir aus der Abbildung 11 bereits als gebundene Fliege (Coch-y-Bondhu) kennen, neben den Plastik-Imitationen, die für das normale Fliegenfischen mit einem Durchschnittsgewicht von 5 g zu schwer zu werfen sind.

Damit Ihnen die Frage erleichtert wird: „Welche Fliege binde ich nun ans Vorfach?" hierzu ein paar Tabellen der wichtigsten Naß- und Trockenfliegen, nach den Monaten geordnet, siehe Seite 79 und 81.

Insektenkunde für Anfänger

Heute möchte ich nicht zur Diskussion stellen, inwiefern umfassendes Wissen in der Insektenkunde (wissenschaftlich: Entomologie) für eine bessere Tagesbeute verantwortlich zu machen ist. Sicher werden da die Erwartungen manchmal überbewertet. Aber ich meine, man sollte doch als Fliegenfischer zumindest unsere wichtigsten Insekten kennen, deren Nachbildungen wir den Fischen vor Augen zu führen gedenken. Außerdem bekommt man einen ganz anderen Blick für die Zusammenhänge da draußen in der freien Natur und für die Gefahren, die dem Ökosystem durch menschliche Eingriffe drohen. Denn ohne die lebendige Gegenwart dieser Tierchen wäre das Fischen mit der künstlichen Fliege undenkbar.

Eintagsfliege

Die Eintagsfliege (Ordnung Ephemeroptera, Eintagsfliegen) ist unser markantestes Insekt. Man kennt in Europa etwa 200 Arten. Viele davon sind gegen Gewässerverunreinigungen höchst empfindlich und örtlich ausgestorben. Für unsere Fische, und für den Fliegenfischer, gehören sie zur wichtigsten Insektenordnung. Alle künstlichen Naß- und Trockenfliegen, welche hochgestellte Flügel und am hinteren Ende Schwanzfäden tragen, sind den Eintagsfliegen nachempfunden; wie z. B. Märzbraune, BWO oder Roter Kiel (Red Quill).

Das Erscheinungsbild der Eintagsfliege, je nach Art 3–30 mm Körperlänge, ist unverwechselbar. Kein anderes Insekt verfügt nämlich über jene

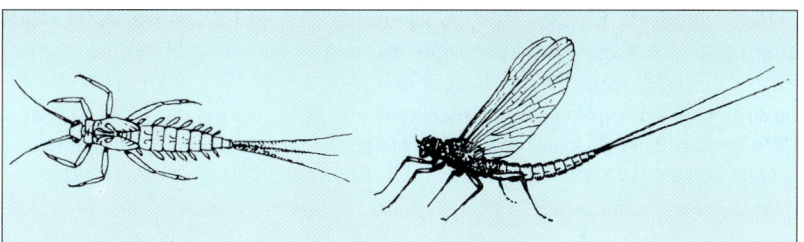

Abb. 30 Links: Eintagsfliegenlarve (Nymphe); rechts: Eintagsfliege

charakteristisch hoch aufgerichteten Flügel. Eine weitere Besonderheit sind die zwei oder drei langen Schwanzfäden am Hinterleib, der, wenn das Insekt auf dem Trockenen ruht, etwas durchgebogen gehalten wird (s. Abb. 30, rechts).

Ihr Jugendstadium verbringt die Eintagsfliege als sogenannte Nymphe (siehe Abb. 30, links) unter Wasser. Aus dem Ei geschlüpft, kann das bis zu drei Jahren währen. Eintagsfliegen-Nymphen zählen zu der bedeutsamsten Nährtierchengruppe unserer Salmonidengewässer. Diese Tatsache allein erklärt schon, warum die künstliche Nymphe, die man auch an den Schwanzfäden erkennt, von Nymphen- und Naßfliegenspezialisten so erfolgreich angewandt wird. Und das übers ganze Jahr hinweg, weil auch ihre natürlichen Vorbilder stets im Wasser zu finden sind.

Vom Ei bis zum geschlechtsreifen Insekt macht die Eintagsfliege eine Anzahl von Verwandlungen durch, die in der Insektenwelt einmalig sind. Vier Phasen dieser Entwicklung sind für den Fliegenfischer wichtig, die er mit bestimmten Fliegenmustern und Anbietekünsten nachahmt.

1. *Die Nymphe (engl. Nymph)*, das ist jene über längere Zeit im Wasser lebende Larvenform der Eintagsfliege.
2. *Die Dun (engl.)*, wissenschftl. Name Subimago. Hierbei handelt es sich um das frische, aus der Larvenhaut geschlüpfte Insekt.
3. *Der Spinner (engl.)*, wissenschaftl. Name Imago. Hier haben wir es mit dem geschlechtsreifen Vollinsekt zu tun, das aus der Dun entstanden ist.
4. *Spent oder Spent Spinner (engl.)*. Das ist die später, nach der Eiablage, tot oder sterbend auf dem Wasser treibende Eintagsfliege.

Ist die Nymphe „reif", so schwebt sie zur Wasseroberfläche empor, wo sie ihre Larvenhaut sprengt, aus der das flugfähige Insekt entschlüpft. Bereits auf diesem Weg nach oben werden zahlreiche Nymphen von den Fischen abgefangen. Das geschieht bis dicht unter dem Gewässerspiegel, so daß dieser sich leicht „beult". „Die Fische nymphen", sagt man dazu.

Jene Tierchen aber, welche die Gefahr glücklich überstanden haben, hocken plötzlich, wie aus dem Nichts heraus, auf dem Wasser. Mit hoch aufgerichteten Flügeln, wie kleine Segelschiffchen, kommen sie herangedriftet: eine weitere Phase äußerster Gefahr in ihrem kurzen Leben. Denn die Fische haben die frischen Leckerbissen schnell spitz. Ring neben Ring entsteht, und in jedem vergurgelt eines dieser zarten Wesen. Jetzt schlägt die Stunde der Trockenfliege.

Erst nach einer gewissen Zeitspanne, wenn die neugeborene Dun ihre Schwingen und Schwanzfäden getrocknet und ausgehärtet hat, vermag sie sich in die Luft zu erheben, um ein sicheres Plätzchen auf dem Land zu suchen. Hier macht sie eine zweite Häutung durch. Und das ist das Einmalige: Der Dun, welche nur eine Art „Zwischenstation" darstellt, entsteigt eine neue Eintagsfliege, die noch blankere Flügel besitzt, die noch farbintensiver ist. Jetzt haben wir endlich das fertige, geschlechtsreife Insekt vor uns, den Spinner.

Diese Variante der Natur ist allerdings für die praktische Fliegenfischerei nicht so interessant wie die Dun, die ja nach ihrer „Geburt" einen viel längeren Wasserkontakt hat und für die Fische viel länger greifbar ist. Und wenn wir in der Zeit von März bis Oktober, am Wasser entlangstreifend, mal Glück haben, dann erleben wir den Hochzeitstanz dieser zerbrechlichen Tierchen. Auf und ab schweben sie in der Luft, bis die Paare sich gefunden haben und eng umschlungen durch die Lüfte enteilen. Alles muß schnell gehen, denn ihre Stunden sind begrenzt. Schon fliegen die befruchteten Weibchen zum Wasser zurück und lassen ihre Eier, auf die Oberfläche tippend, zum Grund sinken. Auch bei dieser Pflicht sprechen die Fische nochmals ein wichtiges Wort mit.

Nachdem für die Erhaltung der Art gesorgt ist, verlassen das Weibchen noch auf dem Wasser die Kräfte. Sterbend, mit weit gespreizten Flügeln, treibt es in der Strömung vor die Mäuler der Fische, die ein letztes Festmahl halten. Mit sogenannten Spent-Imitationen spricht auch der Fliegenfischer ein wichtiges Wort mit.

Köcherfliege

Die Köcherfliege, (Ordnung Trichoptera, Köcherfliegen) ist nach der Eintagsfliege unser zweitwichtigstes Insekt. Im „Fliegenfischer-Englisch" ist sie auch unter dem Namen Sedge oder, in der amerikanischen Version, als Caddis bekannt. Drei Phasen ihrer Entwicklung macht sich der Fliegenfischer zunutze: 1. die Larve, 2. die Puppe und 3. das voll entwickelte, flugfähige und geschlechtsreife Insekt. Von allen drei Stufen gibt es eine reiche Auswahl künstlicher Fliegen.

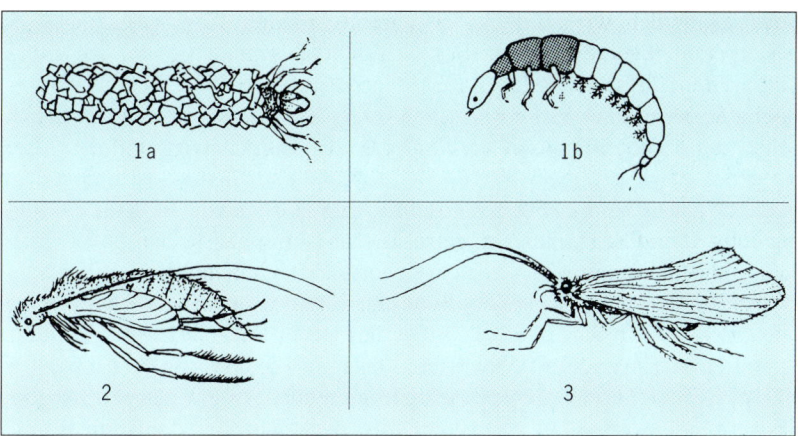

Abb. 31 Die Entwicklungsphasen der Köcherfliege.
1a: Larve im Köcher;   1b: freilebende Larve;   2: Puppe;   3: flugfähiges Insekt

Die Larve (engl. Sedge Larva) kennt fast jeder Angler als „Sprock", der in kleinen Köchern am Gewässergrund und in der Uferzone lebt. Daneben existieren aber noch ein paar sogenannte freilebende Arten, die uns an kleine Maden erinnern, und die unbehaust zwischen den Steinen am Grund feingewobene Fangnetze spannen, in denen sich die Mikrofauna des Wassers fängt. Die Nachbildungen der „Sedge Larva" bilden einen wesentlichen Bestandteil des modernen Nymphenfischens.

Die Larve wandelt sich schließlich zur Puppe (engl. Sedge Pupa), die sich eines Tages auf den Weg ins Trockene macht. Dieser Vorgang läßt sich ganz hervorragend mit der Naßfliege nachtäuschen. Aus der Puppe entwickelt sich dann schnell das geflügelte, geschlechtsreife Vollinsekt, die Köcherfliege. Man erkennt sie an ihren dachartig über dem Hinterleib zusammengelegten Flügeln. Ihre Größen schwanken, je nach Art, zwischen 5 bis 25 mm Körperlänge. Wir finden diese Tierchen an milden Tagen, etwa von April bis Oktober, an unseren Ufern, wo sie in der Vegetation hocken, um abends, in dichten Wolken, über dem Wasser zu spielen. Die Färbung der Köcherfliege reicht, je nach Art, vom tiefen Schwarz, über kraftvolle Zeichnungen, bis ins schlichte Braun. Der Anfänger sollte sich deshalb ein bißchen über die an seinem Gewässer beheimateten Spezies orientieren, ehe er eine künstliche Sedge an sein Vorfach knotet. Denn immerhin zählt man im deutschen Sprachraum ca. 290 Arten, die sich allerdings mit ein paar Grundmustern abdecken lassen.

Steinfliege

Auch die Steinfliege, wissenschaftl. Name Plecoptera, läßt sich kaum mit einem anderen Insekt verwechseln. Sie ist gegen Gewässerverschmutzungen sehr empfindlich, und wo sie vorkommt, ist die Welt noch in Ordnung. Auch sie lebt in der Vorstufe als Larve (oder Nymphe) am Gewässergrund und ist in dieser Form für die Fliegenfischerei von größerer Bedeutung als das entwickelte, flugfähige Vollinsekt; denn die Larve kommt den Fischen viel häufiger unter die Augen.

Alle bisher besprochenen Insekten-, bzw. Larvenarten entdecken wir am leichtesten, wenn wir unter die Steine des Bach- oder Flußbettes schauen. Dieser Griff ins Wasser offenbart uns manchmal die Gewässergüte auf einen Blick. Die Steinfliegenlarve könnte man zunächst mit der Eintagsfliegennymphe verwechseln, aber dann erkennt man schnell den Unterschied: Die Larve der Steinfliege sieht wie eine alte Ritterrüstung aus. Auch fehlen ihr die Tracheenkiemen der Eintagsfliege am Hinterleib. Ebenso sind die beiden Schwanzfäden dicker und kürzer.

Ist die Zeit reif geworden, kriechen die Steinfliegenlarven an Land. Ein Puppenstadium entfällt also. Auf Steinen und Gräsern entschlüpfen sie, meist nachts, ihren Panzern, die wir morgens als leere braune Hüllen am Ufer wiederfinden.

Die voll entwickelte, flugfähige Steinfliege (engl. Stone Fly) erkennt man deutlich an ihren flach auf dem Hinterleib übereinandergelegten Flügeln, die leicht geädert und transparent sind. Von der Steinfliege kennt die Fliegenfischerei eine ansehnliche Reihe klassischer wie moderner Fliegenmuster, die für den Anfänger allerdings wenig interessant sind. Sie dienen mehr dem Spezialisten. Denn die Steinfliege kommt meist bei der Eiablage und durch einzelne Unglücksfälle mit dem Wasser in Berührung. Notfalls läßt sie sich auch mit einer künstlichen Sedge imitieren oder umgekehrt. Wichtiger aber sind die Larvenimitationen, deren Vorbilder viel häufiger von den Fischen verschlungen werden. Steinfliegen findet man übers ganze Jahr, denn die winterfesten Arten schlüpfen auch bei Eis und Schnee.

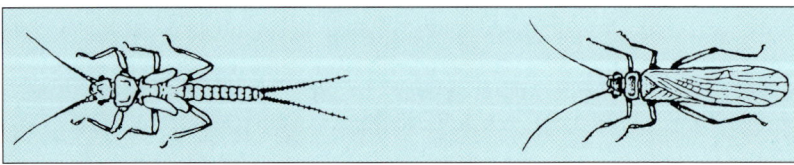

Abb. 32 Links: Steinfliegenlarve; rechts: Steinfliege

Erl- oder Schlammfliege

Diese düster geflügelte Spezies (engl. Alder) sei nur deshalb erwähnt, weil sie der Anfänger leicht mit einer Köcherfliege verwechseln kann. Man findet sie im Mai/Juni längs der Ufer. Ähnlich der Köcherfliege trägt sie ihre Flügel dachartig zusammengelegt, die aber leicht durchsichtig und von dicken, schwarzen Adern durchzogen sind. Mit dem Wasser macht sie nur unfreiwillig oder bei der Eiablage nähere Bekanntschaft.

Geläufiger ist den Fischen ihre längliche, mit beinartigen Haaren versehene Larve. Sie lebt im Grundschlamm, den man in unseren Salmonidengewässern seltener vorfindet. Insekt und Larve werden durch ein paar spezielle Fliegenmuster imitiert.

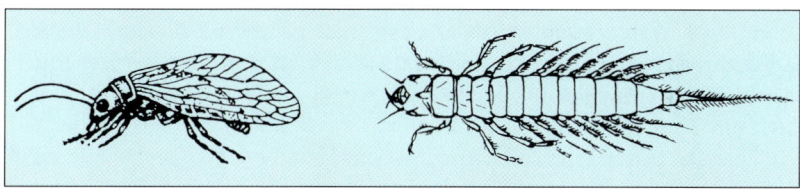

Abb. 33 Links: Schlammfliege; rechts: Schlammfliegenlarve

Mücken

Ein sehr wichtiges Glied in der Nahrungskette unserer Gewässer bilden die Mücken (engl. Midges oder Gnats). Man schätzt die Gesamtzahl ihrer Arten auf ca. 80 000, eine Summe, vor der auch der Fachmann kapitulieren muß.

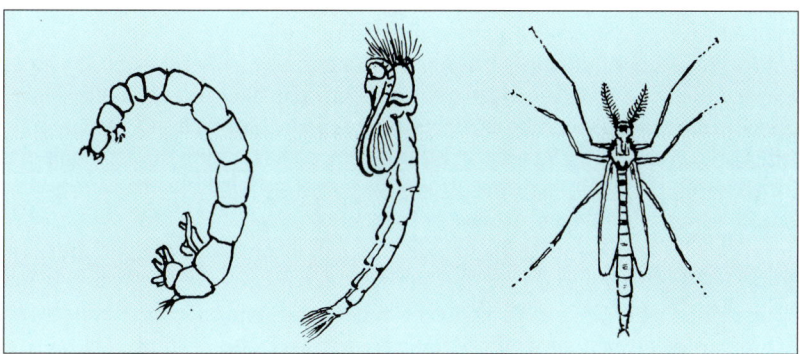

Abb. 34 Links: Larve; Mitte: Puppe; rechts: Mücke (Imago)

Für uns Fliegenfischer sind vor allem die Zuck-, Kriebel-, Haar- und Bachmücken interessant. Auch sie durchlaufen ein Larven-, Puppen- und Insektenstadium, von denen diverse Fliegenmuster in Gebrauch sind.

Landinsekten

Neben den bisher besprochenen wassergebundenen Insekten spielen in den Sommermonaten vor allem die Landinsekten eine große Rolle. Sie fallen den Fischen nicht massenhaft zum Opfer, sondern sie machen nur durch einzelne Unglücksfälle mit dem Wasser Bekanntschaft. Wer sommers jedoch den Mageninhalt einer soeben gefangenen Äsche oder Forelle unter die Lupe nimmt, kann mitunter sehr aufschlußreiche Entdeckungen machen. Denn neben den alltäglichen Wasserinsekten findet er oftmals Reste von Bienen, Wespen, Motten, Käfern, Heupferdchen, Raupen, Ameisen usw. Unsere Fische nehmen also jede Abwechslung dankbar zur Kenntnis. Diese Tatsache sollte sich auch der Anfänger zunutze machen und es vielleicht einmal mit der auf Seite 34 Abbildung 11 gezeigten Käfer- oder Heupferdchenfliege oder einem buschigen Palmer versuchen.

Streamer und Reizfliegen – ein Kapitel für sich

Den Streamer könnte man auch als die Lachsfliege des kleinen Mannes bezeichnen, mit dem er zwar nicht auf den königlichen Fisch angelt, wohl aber auf Zander, Barsche, Hechte und Großforellen. Wobei allerdings nicht auszuschließen ist, daß man mit Streamern ebenfalls Lachs oder Meerforelle fangen kann – aber das gehört nicht in dieses Buch.

Was ist ein Streamer? Es ist eine ziemlich große, meist sehr bunte Naßfliege, die überwiegend gezogen gefischt wird; also nach der Methode, die in diesem Buch ausführlich beschrieben worden ist. Wer sich auf Streamerfischen spezialisieren will, wird auf die Dauer nicht umhinkommen, sich ein stärkeres Gerät der Klasse bis 10 zuzulegen. Zusätzlich wird er noch sinkende Schnüre benötigen. Doch darüber später etwas.

Mit den Streamern ist es so wie mit den Lachsfliegen, über die sich schon Generationen von Fischern die Köpfe zerbrochen haben, was diese buntschillernden Gebinde aus dem Gefieder farbenprächtiger Exoten für den Lachs eigentlich darstellten und wofür er sie nähme. Hunger hat er im Süßwasser bewiesenermaßen nicht mehr. Man tippte unter anderem auf den Spieltrieb – und diese Vermutung liegt der Wahrheit vielleicht am nächsten.

Aber unsere Raubfische wollen ja nicht spielen, sondern fressen: Zweierlei – und doch das gleiche. Dann was läßt die Katze nach dem einherrollenden Wollknäuel schlagen? Was treibt den Windhund hinter dem falschen Hasen her? Und was bewegt den Beizvogel, dem Federspiel nachzujagen? Beim Raubtier ist es zunächst ein ganz natürlicher Reflex, das sich bewegende unbekannte Etwas zu erhaschen. Dann wird man ja sehen, ob es zu fressen ist

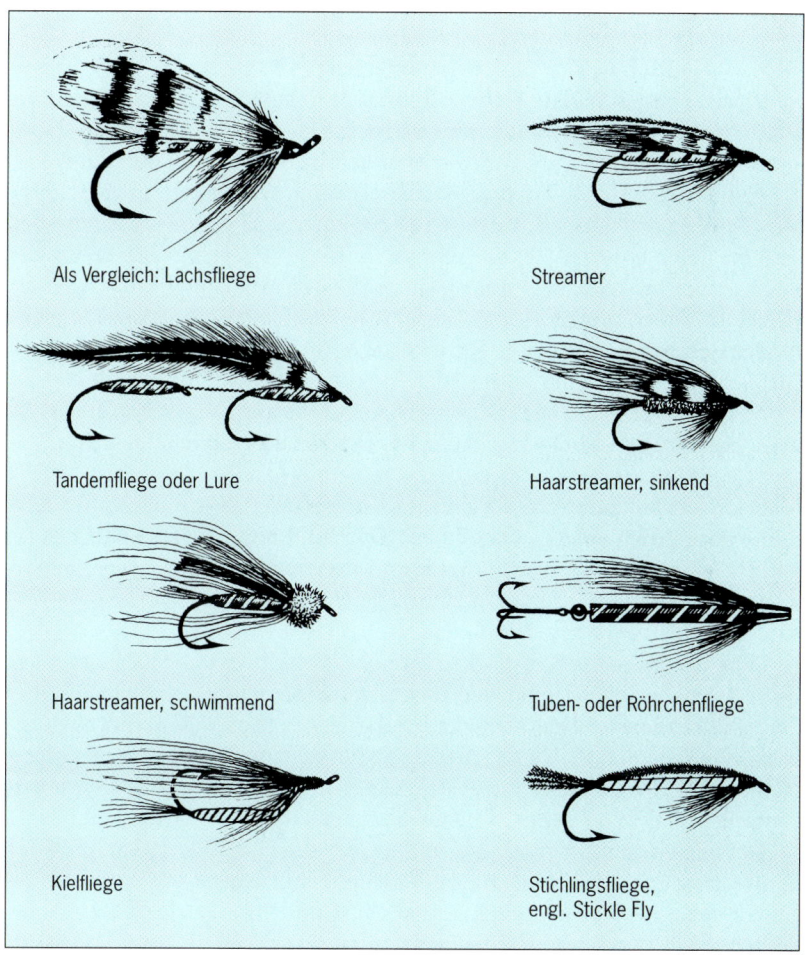

Als Vergleich: Lachsfliege

Streamer

Tandemfliege oder Lure

Haarstreamer, sinkend

Haarstreamer, schwimmend

Tuben- oder Röhrchenfliege

Kielfliege

Stichlingsfliege,
engl. Stickle Fly

Abb. 35 Streamer und Reizfliegen

oder ob man es wieder losläßt, weil man dafür vielleicht schon zu satt ist oder weil es überhaupt ungenießbar ist.

Der Reflex des scheinbar so unbedenklichen Nachjagens und Zuschnappens wird von einem noch stärkeren beherrscht. Dieser Gegenreflex dient der reinen Selbsterhaltung, ohne den es heute kein Tierleben, ja uns selbst nicht mehr gäbe. Für seine Ursache gibt es in unserer Sprache eine ganze Menge Erklärungen: Schlechte Erfahrungen, Mißtrauen, Vorsicht usw. Jeder Sportfischer mit mehrjähriger Praxis hat die Folgewirkungen schon einmal irgendwie zu spüren bekommen. Denke er nur an die Gewässer, die innerhalb weniger Tage total verblinkert waren.

Nun will ich Ihnen, verehrter Leser, keinen Vortrag über Verhaltenspsychologie servieren, sondern ich möchte Sie dazu bewegen, unsere Kunstprodukte, sprich: Fliegen, Blinker und Wobbler, stets mit den Augen eines Realisten zu betrachten. Denn wer will ernsthaft bestreiten, daß ein Raubfisch, der einen Blinker schon ein paarmal unangenehm kennengelernt hat, mit einem Wobber immer noch zu fangen ist. Sollte auch dieser versagen, hat der Streamer eine ehrliche Chance. Ebenso wird der Fliegenfischer lieber zur Reizfliege als zum Regenwurm greifen, will er die alte Standforelle, die seit Jahr und Tag jedes angebotene Muster eisern ablehnt, überlisten. Ein glänzendes Beispiel dafür sind die Streamer und Reizfliegen in ihren vielfältigen Formen und Farben. Hierbei wird der Fliegenfischer nicht herumkommen zu probieren und zu experimentieren, wenn er die besten Fliegen für sein Fischwasser ermitteln will. Doch schauen wir uns zunächst einmal die bekanntesten Typen auf Abbildung 35 an.

Da habe ich Ihnen zum Vergleichen erst einmal eine weltberühmte klassische Lachsfliege aufgezeichnet, den „Durham Ranger". Der unbefangene Betrachter wird zugeben müssen, daß sie sich von dem Streamer gar nicht so sehr unterscheidet. Neben der Lachsfliege sehen Sie einen nicht minder bekannten Streamer, den „Grey Ghost".

Während beim herkömmlichen Streamer die Flügel aus Federn angefertigt werden, bestehen sie bei den Haarstreamern, man nennt sie auch Bucktails, aus Tierhaaren. Haarstreamer besitzen eine etwas höhere Eigenbeweglichkeit und eignen sich daher besonders für stehende Gewässer. Der abgebildete sinkende Haarstreamer, übrigens eine Nachbildung des Coachman (Kutscher), hat sein Gegenstück im schwimmenden.

Der in meiner Zeichnung abgebildete schwimmende Haarstreamer ist der berühmte Muddler Minnow, der auf eine alte indianische Tradition zurückgeht. Wobei gleich zu bemerken ist, daß die Kunstfliege keinesfalls eine moderne Erfindung des weißen Mannes ist, sondern daß mit ihr schon in der Antike gefischt wurde und sie sehr wahrscheinlich ihren Ursprung in Asien hatte. Da wir jetzt ganz nebenher ein bißchen Geschichte betrieben haben, wollen wir auch feststellen, daß die Streamer, wie wir sie heute kennen, der Ur-Fliege am ähnlichsten schauen. Doch zurück zum Muddler Minnow. Sein „Kopf" ist rund und füllig aus den nachträglich gestutzten Haaren einer Rehwildart gebunden, die der Fliege einen dauernden Auftrieb verleihen. Der Muddler Minnow wird mit Vorliebe an einer sinkenden Schnur gefischt, die auf Grund ihres Aufbaues schnell den See- oder Flußgrund erreicht. Während die Schnur ruhig über den Grund schleifen kann, schwebt die Fliege am Vorfach über eventuelle Hindernisse hinweg. Der Vorzug des Muddler Minnows ist klar: Mit ihm lassen sich schnell und leicht größere Tiefen absuchen, ohne daß es zu Hängern kommt.

Eine etwas eigenwillige Konstruktion ist die Tandemfliege oder Lure, wie sie in England genannt wird. Neben der abgebildeten „Jungle Cock Lure" sind die „Badger Lure" und die „Sweeney Todd Lure" ein paar der bekanntesten. Auch bei Luren werden oft, wie bei der „Sweeny Todd", Tierhaare anstelle von Federn eingebunden. Die Lure, zumal als Haarstreamer hergestellt, verfügt über eine hohe Beweglichkeit, und der Fisch, der sich in dem zweiteiligen Hakensystem verbeißt, hängt doppelt gesichert an der Fliege.

An der Grenze zwischen Metall-Kunstköder und Kunstfliege steht die Tuben- oder Röhrchenfliege. Sie gehört nicht mehr zu den Streamern, sondern es handelt sich bei ihr um eine ausgesprochene Reizfliege. Grundlage dieser Fliege sind dünne Plastik- oder Messingröhrchen, auf die pinselähnlich Haare oder farbige Nylonfasern gebunden sind. Die Tube gleitet frei auf einem 30er Vorfach hin und her, an dem ein kleiner Drillingshaken der Größe 14 befestigt ist. Bei der Führung kommt die Fliege immer vor dem Drilling zu sitzen und gleitet bei einem Biß nach vorn, was ein Ausheben des Fisches verhindert. Die Tubenfliege verfügt über gute Sinkeigenschaften und wird gern dort benutzt, wo sie weit unter der Oberfläche arbeiten soll.

Eine Schöpfung neuerer Zeit ist die Kielfliege (engl. Keel Fly), deren Hakenschaft kielförmig eingebogen ist, so daß die Fliege auf dem Rücken zu schwimmen scheint. Die nach oben gerichtete Hakenspitze unterstützt diesen Eindruck noch. Die Absicht der Konstrukteure ist eindeutig. Die Fliege soll tief gefischt werden können, ohne daß es zu Hängern kommt. Diese Fliege hat in flachen Gewässern an der schwimmenden Schnur ihre Berechtigung, an der sinkenden Leine ist der Muddler Minnow jedoch nicht zu schlagen.

Als letztes haben wir noch die Stichlingsfliege. Sie ist ebenfalls eine Reizfliege. Während sie früher in meist sehr schlichten Farben gebunden wurde – Pfauenfeder-Fibern und Silberlametta – wird sie heute mit modernen transparenten und fluoreszierenden Materialien versehen, eine Entwicklung, die nach und nach auf das gesamte Streamer-Design übergreifen wird. Die Stichlings-Fliege ist gegen andere Reizfliegen sehr sparsam gebunden. Auch sie sinkt gut ab und sollte nach dem Auswerfen sehr schnell, mit kleinen zuckenden Bewegungen, wieder eingeholt werden.

Streamer und Reizfliegen sind in der Regel auf Hakengröße 4/6/8 gebunden; das unterscheidet sie wesentlich von den Lachsfliegen, bei denen man bis Größe 1 und manchmal sogar auf 2/0 geht. Eine schwerere Fliege braucht ein stabileres Vorfach. Deshalb gehe man beim Streamerfischen nicht unter 0,25 mm, und eine Nylonstärke von 0,30 ist der beste Durchschnitt. Nehmen Sie als Vorfach getrost ein problemloses, unverjüngtes, monofiles Stück Nylonschnur, das der Länge vom Spitzenring Ihrer Rute bis zu der Einhängeöse Ihrer Fliege entspricht, damit der Flaggenstich-Knoten, der Vorfach und Flugleine verbindet, bei eingehängter Fliege vor dem Spitzenring zu sitzen kommt. Nichts ist ärgerlicher, wenn sich dieser Knoten, will man die Fliege auswerfen, hinter dem Spitzenring verheddert hat. Beim Fischen mit größeren Fliegen kann man ruhig auf verjüngte Vorfächer verzichten, denn das Eigengewicht der Fliegen streckt sie sowieso. Da man mit Streamern ja auf Schwergewichte angeln will, muß unser Vorfach ohnehin stabiler sein.

Natürlich läßt sich ein Streamer mit einer Rute jeder Klasse fischen, sofern sich die Notwendigkeit gelegentlich ergibt. Will sich der Fliegenfischer aber auf diese Angelart spezialisieren, lege er sich am besten eine Zweitrute der Klasse 8 bis 10 zu. Diese hat, wolle man in Fluß oder See fischen, ein paar einleuchtende Vorteile: 1. Mit den ihr angemessenen schwereren Schnüren lassen sich größere Weiten erreichen, selbst bei widrigen Winden. 2. Eine sinkende Schnur der Klasse 8 bis 10 sinkt schneller ab als die einer leichteren. 3. Eine Rute der Klasse 8 bis 10 ist länger und verfügt über ein besseres Rückgrat, was eine gute Hebelwirkung garantiert und den Fisch, wenn's sein muß, härter forcieren läßt.

Dem neugebackenen Streamerfischer wird es zwar ins Geld reißen, wenn er sich eine weitere Flugleine höherer Klasse wird zulegen müssen. Aber es zahlt sich aus. Doch auf die Dauer wird er auch mit dieser schwimmenden Schnur nicht auskommen können, denn Streamer und Reizfliege sind nicht allein für den Oberflächenbereich unserer Gewässer gedacht, sondern auch die Tiefen wollen mit einer sinkenden Leine abgefischt sein. Also braucht er neben der Rolle mit der schwimmenden Schnur eine zweite mit der sinkenden. Der Vollständigkeit halber sei noch ein dritter Schnurtyp erwähnt, bei dem die ersten Meter absinken und der Rest schwimmend an der Oberfläche bleibt. Mit ihm läßt sich der Mittelwasserbereich verläßlich absuchen. Das wären also drei verschiedene Streamertypen, die für den komplett ausgerüsteten Streamerfischer in Frage kommen.

Nun zu den Rollen. Daß sie eine noch höhere Kapazität als die herkömmlichen Fliegenrollen besitzen müssen, ist selbstverständlich. Es werden von der Industrie manchmal Lachsrollen angeboten, wovor sich ein echter Lachsfischer verwahren würde, denn er stellt andere Ansprüche an ein solches Gerät. Für uns normale Streamerfischer sind solche Erzeugnisse aber gerade das Richtige. Sie haben den Durchmesser, der neben der Fliegenschnur die erforderliche Backlingleine unterlegen läßt, die für den Drill großer Fische sehr wichtig ist. Neben den einfachen Kurbelfliegenrollen werden, meist in England und in den USA, auch Multifliegenrollen angeboten. Sie sind etwas schwerer und auch teurer. Wer sich jedoch mit kampfstarken Fischen herumzuschlagen gedenkt, der greife am besten gleich zu solchem Modell. Es ist nicht immer notwendig, daß man sich für jeden Schnurtyp eine neue Rolle kaufen muß, die meisten Modelle haben auswechselbare Spulen, die den Anschaffungspreis verringern helfen.

Wer kapitale Fische zu erwarten hat, dem möchte ich als abschließenden Gerätetip außer dem Teleskop-Kescher ein Mini-Gaff empfehlen. Ich spreche hier als gebranntes Kind. Es war damals noch einmal gutgegangen. Seit jener Zeit aber, da ich einen 21pfündigen Hecht mit dem Jagdnicker habe gaffen müssen, weil der mitgeführte Kescher sich als zu klein erwies und der Landehaken daheim in der Garage hing, gehört dieses Instrument zum festen Bestandteil meiner Ausrüstung.

Mit Streamern und Reizfliegen können wir in jedem stehenden wie fließenden Gewässer fischen, sofern es nicht allzu trüb ist und die erforderlichen Fischarten vorhanden sind. Zu den in Frage kommenden Arten gehören vorwiegend Barsch, Zander, Hecht, Döbel, Rapfen und große Forellen und als sehr interessanter Fisch die Alpenseeforelle, die seit einiger Zeit mit Erfolg in unseren Mittelgebirgs-Stauseen ausgesetzt worden ist. Bei dieser Art zu fischen handelt es sich meistens um ein Suchen nach dem Fisch. Es werden fangverdächtige Stellen oder bekannte Standplätze der genannten Arten abgeangelt. Im großen und ganzen ähnelt die Streamer-Fischerei jedoch dem Spinnangeln, mit dem sie das systematische Abfischen weiter Gewässerflächen gemeinsam hat.

Am Fluß werfen wir die Fliege direkt oder etwas schräg stromabwärts und lassen sie bei der letzteren Methode unter leichtem Wippen der Rutenspitze herumtreiben, bis sie sich genau unterhalb von unserem Standpunkt befindet. Jetzt wird sie, indem wir die Schnur langsam bündeln, wieder eingezogen. Dabei können wir den Eigenbewegungs-Effekt und das Farbenspiel unserer Fliegen durch leichtes Heben und Senken oder feines Wippen mit der Rutenspitze wirkungsvoll unterstützen. Es bedarf aber nicht immer eines Höchstmaßes an Eigenbewegung, um den Fisch zum Anbiß zu verlocken.

Manchmal, ja sogar öfter, verführt ihn die geradewegs eingeholte Fliege dazu.

Streamer und Reizfliegen sollen möglichst gut ausgefischt werden. Das heißt, daß wir die Fliegen beim Wiedereinholen sehr nahe an die Rutenspitze heranziehen, ehe wir die Leine für einen neuen Wurf aufnehmen. Denn eine alte Regel fürs Naßfischen, sie gilt auch für unsere Angelart, lautet: „Je länger eine Fliege im Wasser ist, um so länger fängst sie."

Der neu gebackene Streamerfischer sollte es sich zur Angewohnheit machen, daß er, sobald er die Fliege schon ziemlich nahe herangeholt hat, jede unnütze Bewegung vermeidet. Denn manchmal folgen die Fische seinem Köder über eine beträchtliche Strecke, und der sorglose Angler erkennt den „Nachläufer" erst in dem Moment, wenn dieser erschreckt abdreht. Hat der Fisch den Menschen erst einmal erkannt, ist die Chance, ihn beim zweiten Versuch zum Zupacken zu verleiten, meist vertan. Dem sich ruhig verhaltenden Fliegenfischer ist aber oft noch in demselben Augenblick ein Biß beschieden, wo er die Leine für einen neuen Wurf aufnehmen will und dabei versehens den Anhieb setzt.

Beim Abfischen größerer Gewässerabschnitte, ob in See oder Fluß, setzen wir den Weitwurf. Mit einer Keulenschnur der Klasse 9 z. B. lassen sich Wurfweiten von 25 m spielend erreichen. Das ist eine Entfernung, die beim Spinnfischen ausreichend sein kann. Ich möchte deshalb an dieser Stelle behaupten, und ich bin mir der Zustimmung der Experten gewiß, daß das Fischen mit Streamern und Reizfliegen an manchen Gewässern den Blinker voll und ganz ersetzen kann, ja, daß es sogar noch einträglicher ist. Das mag daran liegen, weil solch eine große und dennoch leichte Fliege viel langsamer und verführerischer durchs Wasser schwebt, eine sehr wichtige Forderung, die beim Spinner wegen des hohen Metallgewichtes kaum zu realisieren ist. Und auch verschiedene Wobbler-Typen haben ihre Schwächen darin, daß sie nur durch starken, schnellen Zug unter Wasser zu bekommen sind. Das sind Fakten, die einer sinnvollen Köderführung entgegenarbeiten.

Mit den modernen sinkenden Schnüren steht auch dem Abfischen größerer Tiefen nichts mehr im Wege. Was könnte also den passionierten Flugangler daran hindern, durch alle vier Jahreszeiten seine Rute zu schwingen? Nichts! Es sei, extreme Wurfweiten wären erforderlich oder außergewöhnliche Tiefen müßten erreicht werden. Sonst kann uns nur Väterchen Frost mit seinem Eishauch Einhalt gebieten, denn mit eisverkrusteten Rutenringen und einer froststarren Flugleine ist beim besten Willen kein ordentlicher Wurf zustande zu bringen.

Streamer und Reizfliegen sollten im Fluß nicht nur gezogen gefischt werden. Gerade das Fließgewässer gestattet es, die farbenprächtigen Gebilde zeitweise an einem Punkt verharren zu lassen und ihnen mit zarten Wipp-bewegungen Leben einzuhauchen. Sie konstant in der Strömung spielen zu lassen, führt besonders hinter Wehren und Rollen oder in Kolken zu unge-ahnten Erfolgen, und manch buntgetupfte Gralshüterin ist dem schillernden Federwisch zum Opfer gefallen.

Die Gebirgsfischer an ihren glasklaren Salmonidenstrecken haben die Be-deutung von Streamern und Reizfliegen längst erkannt, und schon manche alte Standforelle ist mit diesen Fliegen aus ihrem Unterschlupf herausgekit-zelt worden. Es braucht für die große Stunde nicht immer der hellichte Tag gewesen zu sein. Abends und nachts, wenn die Großsalmoniden regere Ak-tivität entwickeln, haben Streamer und Reizfliege ihre bevorzugte Berechti-gung.

Vom Fluß nun zum See. Hier gibt es in der Methode der Fliegenführung kaum einen nennenswerten Unterschied. Der einzige wäre, daß uns hier keine Strömung so effektvoll die Hecheln öffnen und schließen hilft. Wenn wir jedoch zum sensibleren Haarstreamer greifen, läßt sich dieser Nachteil, wenn's überhaupt einer ist, leicht wieder wettmachen.

Auch hier, im stehenden Gewässer, werfen wir, wollen wir nicht auf vor-her ausgemachte Fische angeln, die Fliege so weit wie möglich hinaus und zie-hen sie wahlweise zügig oder mit mäßigerem Tempo, gelegentlich mit klei-nen Rucken unterbrochen, wieder ein. Der Möglichkeiten gibt es da viele, und es gilt auch hier, an Ihrem Gewässer die beste Methode zu ermitteln.

Versuchen Sie es zunächst mit einer schwimmenden Schnur, Streamer und Reizfliege arbeiten an dieser ja in einem Bereich, in dem Hecht, Döbel, Forelle und sommertags auch der Barsch anzutreffen sind, und vor Überra-schungsbissen anderer Fische ist man ebenfalls nicht sicher. Sollten Sie nach einer gewissen Dauer feststellen, daß zur Stunde unter der Wasseroberfläche nichts los ist, dann versuchen Sie Ihr Glück einmal mit der „Sink Float", das ist der Schnurtyp, bei dem nur die ersten Meter absinken. Mit dieser Schnur können Sie das Mittelwasser sehr gut absuchen. Sollte sich auch hierbei der Erfolg versagen, was vor allem tagsüber bei hellem, warmem Wetter der Fall sein kann, dann bleibt Ihnen noch die schnellsinkende Schnur, mit der wir übrigens die größte Aussicht haben, einen Zander oder eine Seeforelle zu fangen. Verwenden Sie hierbei den Muddler Minnow, der sich an einer sin-kenden Schnur auch gut vom Ufer aus fischen läßt, ohne daß es zu häufigen Hängern kommt. Am besten sind aber die tieferen Regionen vom Boot aus zu beangeln, zumal sich damit Fischgründe aufsuchen lassen, die vom Ufer unerreichbar sind.

Wenn Sie die Fliege ausgeworfen haben, lassen Sie ihr genügend Zeit, die gewünschte Tiefe oder den Seegrund zu erreichen. Dazu sollten Sie vorher die Sinkgeschwindigkeit Ihrer Schnur ermittelt haben. Die Zeit, die eine Schnur braucht, um in die entsprechende Tiefenregion zu gelangen, können Sie in etwa mit Hilfe des Sekundenzeigers Ihrer Armbanduhr kontrollieren; mit der Zeit bekommen Sie dann Routine. Ist die Fliege ans Ziel gelangt, holen Sie sie entweder mit entsprechendem Tempo herauf, oder Sie lassen sie unten weiterspielen und suchen den Grund systematisch ab, indem Sie das Boot, sofern Sie eins benutzen, gemächlich abdriften lassen. Sie sehen, verehrter Leser, daß es auf diesem Gebiet der Sportfischerei eine Unzahl von Varianten gibt und daß Sie die Methode, die für Ihr Gewässer die beste ist, selbst herauskriegen müssen.

Eine sehr erfolgversprechende Übung ist das Schleppen von Streamern und Reizfliegen mit dem Ruderboot, und ich kann jedem Fliegenfischer, der die Gelegenheit dazu hat, wärmstens empfehlen, dies einmal auszuprobieren. Er wird, abgesehen von ungünstigen Stunden und Tagen, die es selbstverständlich auch hierbei gibt, über die Ergebnisse erstaunt sein.

Schleppen mit der Fliege? Wer noch nie mit der Fliege vom Boot gefischt hat, wird zweifeln. Der eine oder andere, der vielleicht schon einmal aus Bequemlichkeitsgründen seine Fliege hinter dem Kahn hergezogen hat, wenn er seine Position ändern wollte, wird dabei bestimmt irgendeinen Fisch gefangen haben. Wer zum Beispiel weiträumige Seen mit der Fliegenrute zu befischen pflegt, muß oft genug die fangverheißenden Stellen erst einmal suchen, und oft liegen sie meilenweit voneinander entfernt. Was läge jetzt näher, einen Streamer ans Vorfach zu knüpfen und ihn hinter dem Boot herzuziehen, um so die tote Zeit zu überbrücken, besonders wenn man gleich mehrere Kilometer vor dem Bug liegen hat. Denn vielleicht kreuzt man auf diesen Fahrten den Weg eines jener sagenhaften Einzelgänger. Sollte nur ein pfündiger Barsch die Knarre der Rolle in Bewegung setzen – macht nichts! – rückt doch die große Stunde mit jedem Riemenschlag näher.

Den Streamer kann man zum Schleppen an jeden Schnurtyp gebunden haben. Er wird an der schwimmenden Schnur genauso fängig sein wie an der sinkenden. Bei der sinkenden beginnt sogar ein Spezialgebiet der Fliegenfischerei. Hierbei gilt es in Grundnähe den Zander und Barsch oder die kapitalen Forellen aufzustöbern. Man zieht dazu die Fliegenschnur am besten ganz von der Rolle, daß der Knoten, der Flugschnur und Backingleine miteinander verbindet, nicht in den Rutenringen blockieren kann, sondern vor dem Spitzenring sitzt.

In der Regel genügt für das Streamerschleppen die 30-Yards-Fliegenschnur. Es können aber, wenn es die Praxis erfordert, ruhig ein paar weitere Meter von der Nachschnur dazugegeben werden. Wichtig ist hierbei immer wieder, daß man genügend Backingleine auf seiner Fliegenrolle hat. Deswegen habe ich Ihnen ja auch eine großformatige Rolle empfohlen, denn der Neuling kann sich einfach nicht vorstellen, wieviel Meter Schnur eine kapitale Forelle innerhalb weniger Sekunden von der Rolle ziehen kann.

Wer seine Fliege hinter dem Boot schleppt, wird bald feststellen, daß die Fliegenschnur, vor allem die schwimmende, im Wasser anderen Gesetzen unterliegt als z. B. eine monofile Nylon-Schnur, die den Blinker zieht. Auf dem See folgt die schwimmende Flugleine fast genau dem Kurs des Bootes, und sei es eine Zickzackfahrt um ungezählte Ecken. Daraus ergibt sich die Notwendigkeit, die Fischgründe, die man mit der Fliege absuchen will, direkt anzusteuern. Für die sinkende Schnur gilt das gleiche. Allerdings muß bei sämtlichen Schnurtypen immer die mehr oder weniger starke Drift einkalkuliert werden.

Nun sollte man annehmen, daß die Fische, zumal die großen und erfahrenen, vor dem rudernden Boot gleich die Flucht ergriffen. Das tun sie aber äußerst selten. Man kann es bei seinen Schleppfahrten immer wieder erleben, daß ruhende Hechte und Forellen sich dort, wo sie Boots- und Schiffsverkehr gewöhnt sind, mit der größten Gelassenheit überfahren lassen, sofern sie in entsprechender Tiefe stehen. Der flachstreunende Döbel schlägt meist einen Bogen um den Bootsschatten, setzt dann aber wahrscheinlich die eingeschlagene Richtung wieder fort. Erfahrungsgemäß meldet sich kurz nach dem Vorbeifahren des Bootes die Knarre der Fliegenrolle, und ein gutes „Kaliber" hängt an der Fliege. Echte Nervosität zeigen eigentlich nur Barsche, wenn sie hoch stehen.

Die Wahl der Fliege kann sich der Angler bei der Schleppfischerei möglichst leicht gestalten. Die von mir gezeigten und erklärten Streamer und Reizfliegen haben alle eine echte Chance, von den Fischen akzeptiert zu werden. Auch die Farben, ob schlicht oder aufdringlich, spielen eine untergeordnete Rolle. Darum: Sollten Sie des öfteren mit der Fliege vom Boot aus fischen, versuchen Sie doch einmal das Schleppen damit. Vielleicht fangen Sie mit dieser Methode sogar den Fisch Ihres Lebens an der Fliegenrute, und das wäre doch etwas.

Mit Spinnrute und Fliege – aber in Maßen

Am Schluß dieses Buches möchte ich es nicht versäumen, auf das Spinnfischen mit Fliege und Wasserkugel einzugehen. „In Maßen" deswegen, weil man damit in Kürze den schönsten Salmonidenfluß leerplündern könnte. Und darum ist, mit Recht, die Wasserkugel-Fliegen-Kombination bei einge-

fleischten Fluganglern verpönt und an Spitzensalmonidengewässern schlicht-
weg verboten.

Aber welcher Spinnfischer ist nicht schon einmal bei einsamer Blinker-
pirsch auf einen hochstehenden Trupp Döbel gestoßen? – Es ist sommertags,
die Sonne steht am höchsten, und unsere dickköpfigen Freunde scheinen zu
schlafen. Da, plötzlich klappt einer von ihnen das Maul auf. Ein satter Ring
entsteht auf dem Wasser, und irgendein Insekt verschwindet zwischen den
weißen Lippenwülsten. Sekunden später versinkt schon alles wieder in mittägliche Lethargie, als sei nichts gewesen. Der erfahrene Döbelfischer aber
weiß ganz genau, daß der scheinbar so phlegmatischen Gesellschaft dort unten nichts entgeht, was Strömung oder Drift herantreiben. Und er weiß auch,
daß er sich in diesem Fall jeden Spinnköder sparen kann. Ja, wenn man jetzt
eine Fliegenrute bei sich hätte, dann könnte man sich wenigstens einen jener
trägen Gesellen herauspicken … Und gerade jetzt würde unserem Spinnfischer die Wasserkugel mit einer Trockenfliege aus der Verlegenheit helfen
können.

Ein anderes Beispiel – An vielen Gewässern ist das Betreten von Schleu-
sen und Wehranlagen verboten oder wegen der baulichen Verhältnisse unmöglich. Und gerade dort hinten, mitten im sprühenden Gischt und zwischen
den weißen Schaumfahnen, weiß man von starken Rapfen, Döbeln und Forellen, die zwar alle Blinkersortimente schon kennen, aber mit irgendeiner
Fliegenkombination doch noch zu überlisten wären. Für einen Wurf mit der
Fliegenrute ist die Entfernung zu weit. Mit der Wasserkugel wäre sie leicht
zu überbrücken.

Jetzt noch ein drittes Beispiel, das den maßvollen Gebrauch der Wasserkugel rechtfertigt: Das Fischen mit dem Streamer. Daß er wegen seiner hohen Eigenbeweglichkeit einen erstklassigen Raubfischköder abgibt, habe ich
im vorhergegangenen Kapitel veranschaulicht. Erinnern Sie sich: Er wird an
schwimmender oder (teil-)versunkener Schnur gefischt, also dicht unter der
Wasseroberfläche oder tiefer. Aber auch mit Spinnrute und Wasserkugel sind
diese Methoden möglich. – Ich werde sie gleich noch eingehend beschrei-
ben. – Nun, dem im Fliegenfischen weniger Erfahrenen wird sich beim Lesen
dieser Zeilen wohl die Frage aufdrängen: „Warum dann eigentlich die Fliegenrute mühsam schwingen, wenn es auch mit der Wasserkugel geht?“ Die
Antwort hierauf: „Mit der Fliegenrute geht's schneller, präziser, eleganter
und genußvoller. Die Wasserkugel bleibt halt nur eine Alternative.“

Als Fliegen verwende man für Forellen, Döbel, Alande usw. Trocken- und
Naßfliegen, Größe 14–12; am besten unsere bekannte Märzbraune und
Goldfliege, da sie den rechten Kontrast zueinander haben; für Döbel und
Rapfen außerdem noch ein paar buschige rote und schwarze Palmer fürs

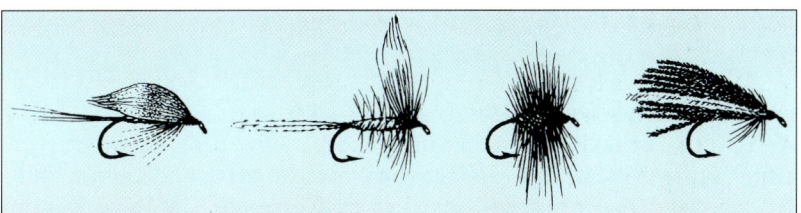

Abb. 36 (von links nach rechts). Märzbraune, Goldfliege, Schwarzer Palmer, Alexandra

Trocken- und Naßfischen und die Alexandra für die nasse Fischerei; beide Typen in den Größen 10–8 (Abb. 36).

Bei der Streamerwahl lassen Sie ruhig Ihrer Phantasie freien Lauf. Achten Sie nur darauf, daß Sie neben dem leuchtend farbigen Muster nicht das gedeckte, eintönige vergessen. Denn wie hieß es noch im alten Lehrsatz der Fliegenfischerei: Helles Wetter – helle Fliegen, dunkles Wetter – dunkle Fliegen. Behalten Sie aber trotzdem Ihre Individualität und probieren Sie's mal umgekehrt. Probieren ist die goldene Regel der Praktiker. Und liegt nicht gerade im Experimentieren ein gutes Maß Freude beim Fliegenfischen?

Natürlich kann man zum Fischen mit der Wasserkugel und Fliege jede nicht zu kurze Spinnrute benutzen. Je länger (2,70–3,00 m) und je weicher eine solche Rute ist, um so besser für unser Vorhaben. Für weiche Ruten können wir ruhig eine Vorfachstärke von 0,20 mm wählen, sonst verwenden wir 0,25er. Beim Fischen mit dem Streamer, das im Grunde genommen ja nichts anderes als ein verfeinertes Spinnfischen ist, können wir sogar auf 0,30 mm gehen; schon wegen der höheren Fanggewichte, die zu erwarten sind. Und noch ein wichtiges Hilfsmittel darf nicht vergessen werden: das Schnurfett. Es ist in jedem Fall besser, wenn wir vor dem Angeln mit Wasserkugel und Fliege (beim Fischen mit dem Streamer überflüssig) unsere Spinnschnur einfetten. Denn so präpariert, läßt sie sich stets gut kontrollieren, und der Anhieb kann sicher gesetzt werden.

Wasserkugeln werden im Handel in drei verschiedenen Größen angeboten. Die kleinste wiegt voll gefüllt etwa 8 g, die mittlere ca. 20 g und die große 35 g. Letzte ist wegen ihres Umfangs und ihrer Aufprallwucht für uns weniger interessant. Man verwendet dort, wo es eben möglich ist, immer die leichteren Kugeln, da sie beim Einwurf weniger Aufmerksamkeit erregen. Der Spinnfischer, der von einer Multirolle wirft, greife aber besser zu der mittleren Größe, da sie sich mit diesem Rollentyp leichter werfen läßt.

Doch nun zu den einzelnen Methoden. Zunächst das Fischen mit der Trockenfliege. Hierbei ist es ratsam, auch die Fliege zu präparieren (hierfür gibt es diverse Öle und Sprays), da wir ja beim Fischen mit der Wasserkugel

99

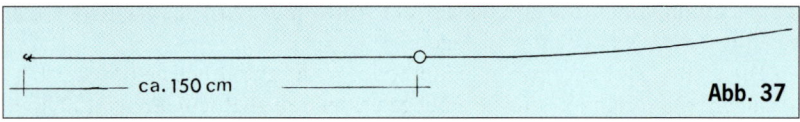

Abb. 37

keine „Luftwürfe" kennen, mit denen der Angler mit der Fliegenrute seine Trockenfliege wieder trocknet und schwimmfähig macht. – Wir knüpfen also eine kleine oder mittlere Wasserkugel, die gut halb gefüllt ist, an die Spinnschnur und befestigen an der anderen Öse der Kugel ein mindestens 1,50 m langes Vorfach, an dessen Spitze wir die entsprechende Trockenfliege knüpfen (Abb. 37).

Man kann nun mit dieser Fliege fangverdächtige Fluß- oder Seeabschnitte absuchen, indem man sie mit der Strömung oder Drift treiben läßt. Oder man fischt auf einen bereits ausgekundschafteten Schwarm oder einen bestimmten steigenden Fisch, indem man die Fliege ein paar Meter oberhalb des Standplatzes einwirft und dann auf das Ziel zutreiben läßt. Wird die Fliege genommen, schlägt man sofort an. Der Neuling mag bei dieser Methode befürchten, daß sich Vorfach und Fliege beim Wurf um die Spinnschnur verheddern. Das geschieht aber äußerst selten. Wichtig hierbei ist nur, daß sofort nach dem Einwurf das Vorfach gestreckt wird, indem man eine Vorfachlänge Schnur auf die Rolle zurückspult (siehe Abb. 38).

Ist die Trockenfliege beim Fischen oder nach einem Biß naß geworden, wird der Fischschleim im Wasser abgespült und die Fliege in einem trockenen Lappen vorsichtig ausgedrückt. Danach wird sie an der Luft getrocknet, indem wir sie mit Hilfe des Wasserkugelgewichtes im Kreis um die Rutenspitze schleudern. Wir improvisieren also die Luftwürfe des Fluganglers. Dann wird die Fliege neu eingefettet.

Die zweite Möglichkeit ist das Fischen mit der Naßfliege. Das Gerät bleibt wie bei der vorher beschriebenen Methode montiert, nur knoten wir anstelle der trockenen eine nasse Fliege ans Vorfach und füllen die Kugel ganz mit Wasser, so daß sie nach dem Einwurf untersinkt. Jetzt kann die Fliege dicht unter der Wasseroberfläche arbeiten. Dazu holt man sie, ganz langsam, mit

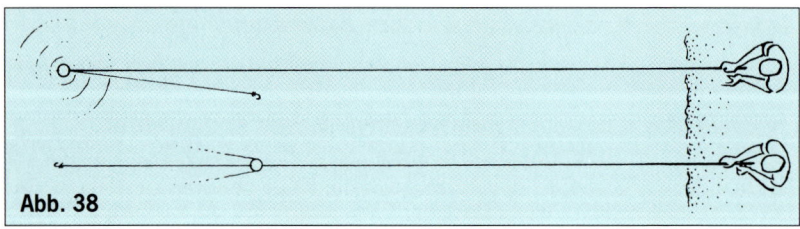

Abb. 38

feinen, gefühlvollen Rucken wieder ein. Auch hier wird selbstverständlich bei einem Anbiß sofort angeschlagen.

Die dritte, jetzt beschriebene Methode, ist die gefährlichste und umstrittenste überhaupt. Sie ist nur für Fließgewässer geeignet und an Salmonidenflüssen grundsätzlich abzulehnen. Aber denken wir doch einmal an unseren unerreichbaren Schleusenschacht oder – wenn wir einmal die Fliegenrute daheim gelassen haben – an eine gute Döbelstrecke, bei sommerlichem Niedrigwasser. Dort sei's erlaubt!

Wir brauchen hierzu zwei kleine Wasserkugeln. Die erste wird über die Hälfte mit Wasser gefüllt und an die Vorfachspitze geknotet. Die zweite knüpfen wir, mit etwas weniger Wasser versehen, zwischen Vorfach und Spinnschnur. Jetzt werden an kurzer etwa 20 cm langer Vorfachschnur zwei Naßfliegen als sogenannte „Springer" (z. B. eine Goldfliege und eine Märzbraune) an dem Vorfach befestigt, daß das ganze so wie Abbildung 39 aussieht. Werfen wir nun diese Kombination aus, so wird die erste, schwere Wasserkugel das Vorfach immer schön strecken und ein sauberes Abtreiben der Fliege garantieren. Um einen Biß erkennen zu können, braucht man nur die Wasserkugeln im Auge zu behalten. Sobald sie inmitten des Abtreibens abstoppen, haben wir es mit einem Biß zu tun und schlagen an, und nicht selten tun es die Fische gegen das gestraffte Vorfach von selbst. Mit dieser Methode lassen sich an einem Tag weite Flußstrecken abfischen; daher auch die verheerenden Wirkungen in Forellen- und Äschenrevieren.

Als nächstes steht uns die Streamerfischerei offen. Die Montage wird wie bei Abbildung 37 vollzogen, nur daß wir zwischen Streamer und Wasserkugel ein stabileres Vorfach knüpfen, denn in der Regel bekommt man es hier mit Schwierigkeiten zu tun. Wir müssen uns nur darüber im klaren sein, wie tief wir den Streamer führen wollen. Aber unsere Wasserkugel läßt sich ja so fein austarieren, daß wir, den Anforderungen entsprechend, zwischen schnellem Absinken und leichtem Schweben in höheren Wasserbereichen wählen können. Welcher Streamer gerade für Ihr Gewässer der richtige ist, müssen Sie allerdings selbst herausfinden; der Möglichkeiten gibt es da viele. Geführt wird der Streamer wie an der Fliegenschnur, möglichst langsam. Kleine Rucke an der Schnur, die ihm besondere Lebhaftigkeit verleihen, nehmen dem Fisch oft die letzten Zweifel. Die Wasserkugel selbst erregt hier wie bei anderen Methoden keinerlei Verdacht.

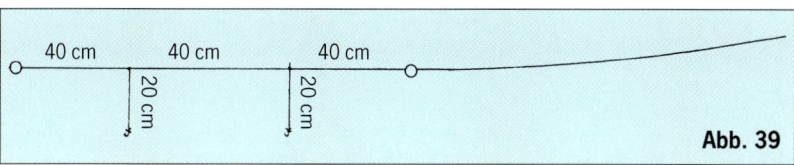

Abb. 39

Zum Schluß möchte ich noch auf eine Angelart hinweisen, die ich schon einmal auf Seite 55 beschrieben habe, das sogenannte Dapping. Erinnern Sie sich? – Wenn wir die Fliegenrute mal zu Hause gelassen haben, so genügt uns die Spinnrute mit Wasserkugel und Fliege, wenn wir an Schleusenkammern, steilen Ufern oder auf Brücken stehen, von wo wir starke Döbel oder gar Forellen ausgemacht haben. Morgens oder abends, wenn diese mißtrauische Gesellschaft etwas weniger kritisch eingestellt ist, lassen wir vorsichtig unsere Trockenfliege zu ihnen hinab. Das Gewicht der Wasserkugel erleichtert uns die Ortung. Auch hierbei ist, wenn die Trockene auf die Oberfläche tippt, die Wirkung verblüffend, und Sie werden staunen, wie leicht unsere sonst so vorsichtigen Freunde auf diese einfache Weise an den Haken zu bekommen sind.

Doch jetzt zu etwas ganz anderem: zum Tieffischen mit Fliege und Spinnrute in fließenden Gewässern. Hier haben wir es mit einem „echten Hammer" zu tun, dessen sich vor allem die Skandinavier an ihren schnell strömenden Flüssen bedienen, wenn sie auf Lachs und Meerforelle aus sind. Wir in dieser Hinsicht weniger verwöhnten Mitteleuropäer können diese Methode etwas verfeinern, indem wir uns eines leichteren Gerätes bedienen. Gefischt wird mit allen Typen von Nymphen, Naß- und Reizfliegen, oder mit Streamern und – vielleicht im Urlaub – mit Lachsfliegen.

Und so sieht die Kombination aus, die den Puristen unter den Fliegenfischern das Gruseln lehrt: Das Schnurende unserer Spinnrolle ist in der Öse eines mittleren Kreuzwirbels befestigt. In der gegenüberliegenden Öse hängt ein 50 cm bis 1 m langes Vorfach; und an dessen Spitze die gewählte Fliege. In die Öse des dritten, nach unten weisenden Wirbelteils wird ein ca. 50 cm langes Stück Nylon geknotet, an dessen Ende ein etwa 20 g schweres Blei hängt (s. Abb. 40). Alle hier aufgeführten Längen und Gewichte können selbstverständlich variiert werden.

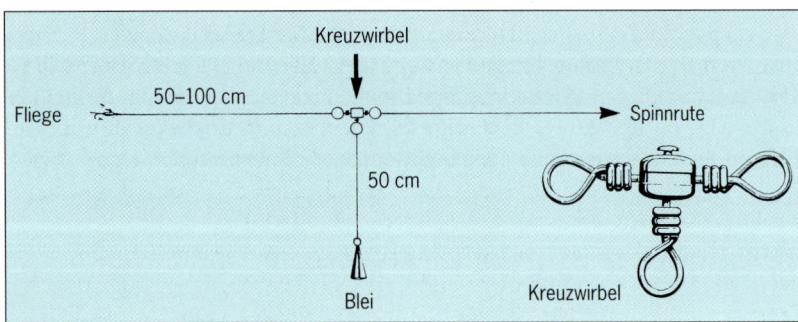

Abb. 40 So sieht die Montage von Spinnrute, Blei und Fliege aus

Das erfolgreiche Fischen mit dieser Montage ist oft Gefühlssache. Man wirft das Ganze schräg stromauf und läßt es zurücktreiben, bis man spürt, daß das Blei den Grund erreicht hat. Jetzt holt man mit langen Zügen der Rutenspitze, ähnlich dem „Pumpen", ruckweise die Fliege wieder ein.

Das Wichtigste hierbei ist, daß das Blei ständig kleine Sprünge über den Grund macht und zwischendurch immer wieder auftickt; was man übrigens deutlich spüren kann. – Mit dieser Methode bleibt dem Angler auch in den wildesten Gewässerstrecken die Chance, den am Grunde stehenden Einzelgängern die Fliege verführerisch am Maul vorbeizuziehen.

Auf dem Wege zur Meisterschaft

Wir sind nun, lieber Leser, am Ende angelangt. Unsere Wege trennen sich jetzt, und ich entlasse Sie mit den besten Wünschen. Ich hoffe, daß ich Ihnen ein angenehmer Gefährte und guter Freund während der Zeit gewesen bin, die wir gemeinsam verbracht haben. Denn Freund und Gefährte wollte ich Ihnen sein. Als Lehrmeister habe ich mich in keiner Zeile verstanden, die ich hier oder zu früheren Zeiten zu Papier gebracht habe. Darum wird es von mir auch kein Buch unter dem Titel „Fliegenfischen für Meister" geben. Ich habe inzwischen zu viele „Meister" kennengelernt, und die Ernüchterung samt nachfolgender Katerstimmung haben mich vorsichtig und kritisch werden lassen. Man sollte Berühmtheiten aus platonischer Ferne genießen, dann erspart man ihnen vielleicht die Verlegenheit und sich selbst die Enttäuschung. Man wird ja selbst sehr schnell, sofern man die Feder nur etwas geschickt zu führen versteht, auf seinem bevorzugten Gebiet zum Meister, zum Idol abgestempelt. Nun ist man fortan gezwungen, wenn man allen Rummel verabscheut, verstohlen am Wasser herumzuschleichen mit der stummen Warnung auf den Lippen: „Hütet euch vor den Meistern!"

Zum wirklich meisterlichen Fischen, wie ich es, wie es viele jener stillen Könner, deren Wechsel ich kreuzte, verstehen, gehört ja so wenig – und doch so viel. Der wahre Meister mißt seine Fähigkeiten nicht an der Beute oder gar deren Vielzahl. Er versucht auch nicht mit seinen Wurfkünsten den weniger Talentierten an die Wand zu drücken. Er hält auch nicht seine Rute, seine Fliege, seine Methode für den Nabel der Fliegenfischerwelt.

Ich glaube, jeder anspruchsvolle Fliegenfischer wird seine eigene subjektive Meisterschaft zu entwickeln und zu pflegen wissen, sei es allein oder im Kreis lieber Freunde. Hier beginnt bereits ein bißchen Lebenskunst, Glückseligkeit, ja Weisheit schlechthin. Den einen beglücken die vorahnungsgeladenen Stunden über seinem Bindestock. Den anderen reizt der in allen Situationen beherrschte Fliegenwurf. Der nächste sucht bis an die Grenzen der Selbsterkenntnis nach dem idealen Gerät, und wieder einer findet in der ständigen Gegenwärtigkeit von Schöpfung und Geschöpf, von Werden und Vergehen da draußen in der allmächtigen Natur seine Selbstbestätigung.

Zur Meisterschaft gehören auch Bescheidenheit und Zurückhaltung gegenüber seinen Mitanglern sowie Ehrfurcht vor seinen Mitgeschöpfen. Wir Fischer sind neben den Jägern die einzigen, denen es gegeben ist, die freilebende Kreatur zu fangen und zu töten. Welch eine Verantwortung, ja welch eine Schuld wir uns da auferlegt haben, bedenken nur die wenigsten. Sicher, wir genießen gegenüber unseren Jägerbrüdern den Vorteil, daß kein Schuß das Leben unseres Wildes unwiederbringlich auslöscht. Ein getroffener Hase aber kann quäken, ein wundgeschossenes Reh klagen, ein verletzter Vogel jammern. Das erzieht, das rüttelt auf. Ein Fisch jedoch bleibt stumm bei aller Grausamkeit, die er zu erleiden hat. Wenn er plötzlich unter den Händen mancher sogenannter Meisterangler eine Stimme bekäme, ich glaube, sie würde den härtesten Uferstein erweichen.

Auch wer seine Meisterschaft mit Menge und Gewicht, Masse und Stückzahl unter Beweis stellen will, hat wenig Ansehen. Niemand wird es dem Jungangler verargen, wenn er sich anfangs in einen wahren Fangrausch hineinsteigert. Hier sollte der Fortgeschrittene als Autorität bremsend, besänftigend, korrigierend einschreiten. Findet er die rechten Worte, wird er nicht in taube Ohren reden. Habe ich doch selbst bei unserem Fliegenfischernachwuchs immer liebenswerte, aufmerksame und aufgeschlossene Zuhörer gefunden. Wen wundert's: war man doch selber damals voller Wißbegierde und Lerneifer und dankbar für jeden brauchbaren Ratschlag, den man erhielt.

Aber man hat ja auch noch eigene egoistische Träume und Ziele. Sie gelten wohl in erster Linie den noch abzustattenden Besuchen erreichbarer und unerreichbarer Fischwasser. Denn wer leidet und lebt wohl mehr unter Reise- und Abenteuerlust als der ewigsuchende, ewigfindende Fliegenfischer? Erlebenkönnen ist Gnade. Wem von uns die forschende Neugier und Aufnahmebereitschaft bis ins hohe Alter bleibt, unangefochten von eigener Intoleranz, Überheblichkeit und Beschränktheit, der darf sich glücklich schätzen und behaupten, daß er seine Tage in fast meisterlicher Vollkommenheit gelebt hat.